일상이 패션인
사랑하고 존경하는 딸 정민이에게

엄마의
라이프
스타일,

아이의
미래가
되다

아이의 세계를 넓혀주는 미래형 교육법

엄마의 라이프스타일, 아이의 미래가 되다

초판 1쇄 인쇄 2019년 7월 22일
초판 1쇄 발행 2019년 7월 29일

지은이 김은형

발행인 백유미 조영석
발행처 (주)라온아시아
주소 서울특별시 서초구 효령로 34길 4, 프린스효령빌딩 5F

등록 2016년 7월 5일 제 2016-000141호
전화 070-7600-8230 **팩스** 070-4754-2473

값 14,500**원**
ISBN 979-11-90233-06-4 (03370)

※ 라온북은 (주)라온아시아의 퍼스널 브랜드입니다.

엄마의 라이프 스타일, 아이의 미래가 되다

아이의 세계를
넓혀주는
미래형 교육법

김은형 지음

RAON BOOK

| 프롤로그 |

세 개의 화분에 바질 씨앗을 뿌렸다. 레몬즙을 뿌린 연어 위에 곁들여 먹을 생각이었다. 두 번째 화분의 바질들은 하루가 다르게 쑥쑥 성장했지만 첫 번째 화분의 바질들은 거의 자라지 않았고 세 번째 화분은 잎을 조금씩 펴는 정도로 차이가 났다. 온도, 채광, 수분이 모두 같은 조건인데 성장에 차이가 나는 이유가 뭘까? 생각해보니 화분 안에 담긴 토양의 질이 달랐다.

사람도 마찬가지 아닐까? 모두 비슷한 크기의 아기로 태어나서 비슷한 성장 단계를 거쳐 자라지만, 아이가 자란 토양인 부모의 라이프스타일과 교육 환경은 아이들을 77억 개의 크고 작은 새싹으로 성장시킨다. 그렇다면 아이들에게 가장 많은 영향을 미치는 성분은 무엇일까? 정답을 미리 말하자면, '부모들의 라이프스타일이 아이의 미래다'.

아이 교육에 대한 부모의 태도와 라이프스타일이라는 교육 토양이 바뀌면 기적이 일어난다. 이 정답을 알아채기까지 꿈처럼 방황하며 편안한 쉴 곳 하나 없이 30년 동안 홀로 교육 혁명가로 쪽잠을 자야 했었다는 것을 이제 비로소 깨닫는다. 혁명은 창조적인 목적을 지니고 있어야 하고 사랑과 연민을 기반으로 할 때 성공한다. 모두에게 균등한 기회와 자유가 보장되는 인간적인 사회 실현과 사랑이 혁명의 근본이며 교육의 근본이다. 성공하는 사람에겐 성공하는 라이프스타일이 있다. 나의 라이프스타일이 아이와 세상을 변화시킨다.

스마트폰 등장 이래 과학기술은 물론 사회적 시스템과 문화 등 혁명의 시대에 들어섰다. 상품자본주의사회로 소비자 권력이 대두되었고, 인공지능은 예술 영역까지도 세련되게 대체하며 인간적인 것이 과연 무엇인가를 고민하게 만들기 시작했으며, 공공 서비스까지 개별화시켜 안방에서 스마트폰 하나로 은행 업무까지 개인이 처리할 수 있게 되었다.

시대를 대변하던 거대 문화는 라이프스타일 트렌드로 전환되어 개별 플랫폼을 중심으로 더욱 개별화되고 유동적인 네트워크로 발전하고 있다. 이제 세계는 온오프라인으로 동시에 긴밀하게 연결되어 있어 세계 인류 그 누구라도 초연결 시대의 그물망을 빠져나갈 수는 없다. 교육도 시대의 변화에 따라 한국이라는 지역만의 개혁과 혁명만으로는 의미가 없다. 우리나라에서 평화 교육을 진행해도 다른 나라가 핵무기를 사용한다면?

4차 산업혁명과 함께 이미 도래한 교육 혁명의 시대에는 전 세계가 함께 네트워크를 통한 협력과 연대로 전 인류의 문제인 평화, 핵전쟁, 환경문제, 식량문제, 인공지능(AI) 안전문제 등에 대처하는 인재 육성을 위해 함께 연대하고 협력해야 한다. 교육은 이미 인류의 생존이 달린 세계 인류의 중대문제임을 각성해야 한다. 지속 가능한 지구의 미래를 위해서도 인간을 근원에서부터 변형시킬 수 있는 교육, 폭력에 물들지 않는 클래식한 교육 혁명을 실현해야 한다.

심리학자 알프레트 아들러는 아이들은 4~5세까지 인격 형성이, 심지어 열등감까지도 완료된다고 했다. 그러나 고등학생일지라도 사랑을 기반으로 한 라이프스타일 교육을 꾸준히 진행하면 아이의 삶은 변화하기 시작한다. 지난 30년 동안 유독 가정 형편이 어렵고 의사소통이 어려운 학생들을 직접 교육하며 얻은 해답이다. 개구쟁이들을 행복하게 하기 위해 해보지 않은 교육이 없을 정도다.

우리나라의 경우 대학 입시 제도가 당장 변하지 않는다 할지라도 부모들이 일상 속에서 가치 있고 의미 있는 자신들의 라이프스타일을 만들어가며 다양한 삶의 기술을 자녀들에게 교육해나간다면 상상하지도 못할 교육 혁명이 이루어질 것이다. 딱 3년만 사랑과 믿음을 기반으로 아이와 함께 삶의 품격이 담긴 라이프스타일 교육을 진행해보자. 격조 있는 부모의 라이프스타일이 아이의 미래를 결정하고 혁명적인 교육의 미래를 만든다.

'라이프스타일 교육'이란 일상생활에서 통합적인 배움을 얻고 자기 삶의 주인으로 스스로 자기 삶의 스타일을 책임지는 리더로 성장하는 교육을 말한다. 전통적인 가정교육이 통제와 처벌에 기반한 훈육 중심의 정적인 교육이었다면, 새로운 라이프스타일 교육은 자유와 사랑을 기반으로 삶의 경험을 중심으로 하는 동적인 교육이라고 할 수 있다.

똑같이 가정에서 부모를 중심으로 실행되는 교육이지만, 전통적인 가정교육에서 아이가 부모의 생각과 지시를 수동적으로 따르는 실행 주체로서 의존적이고 수동적인 포지션을 맡는다면, 라이프스타일 교육에서는 아이의 생각과 자발적인 실행을 위해 부모가 함께 삶의 기술을 경험하고 체험하며 아이의 주체성과 능동적인 포지션을 가능하게 하는 개념이다.

라이프스타일 교육은 우리 아이들이 살아갈 미래 사회에서 'AI가 무엇을 할 수 있다. 할 것이다'보다는 '인간은 무엇을 할 수 있고 무엇을 할 것이다'에 집중하며 인간 본연의 클래식한 가치와 의미를 배움의 핵심으로 한다. 또한 과학기술의 발전에 의한 사회 변화에도 불구하고 변하지 않는 삶의 요소와 가치, 변하는 것들의 요소와 가치에 대해 실생활 속의 경험과 체험을 통해 아이들 스스로 자발적으로 배움을 얻도록 한다.

라이프스타일 교육은 실생활의 기본 요소인 의식주를 기본으로 하여 패션, 푸드, 리빙, 예술, 독서, 미디어, 놀이, 파티 등 융합적인 교육이 이루어질 수 있는 모든 일상들을 교육 코드로 한다. 아이들은 부모가 전수한 라이프스타일에 자신만의 개성과 색을 덧붙여 또 다른 스타일의 삶을 디자인해나가게 된다. 아이들의 일상 자체가 교육이 되는 마술인 것이다.

내 아이를 자신의 삶을 책임지는 품격 있는 성숙한 인간으로 키우려면 무엇보다 부모 스스로 부모로서의 자신감을 갖는 것이 중요하고 새것을 창조하려는 비전과 목적이 있어야 한다. 부모는 아이를 존중해야 할 소중한 존재로 인식하고 그들 삶의 가이드로서 최초의 교사 역할을 자처할 때 비로소 아이들은 의존적인 삶의 태도와 자세를 벗고 자기 삶의 주인이 된다.

그동안 우리 부모들은 자녀의 미래에 대한 뚜렷한 비전이 없었다. 유럽에 비해 한국 부모들의 교육 효능감이 현저하게 떨어지는 것을 보아도 알 수 있다. 그러나 부모의 삶이 새로운 시대의 변화에 따라 변화하면 아이들의 삶도 따라 변한다. 평범하고 온순하며 사회의 규정과 상식으로 억압받는 우리 부모들은 대체로 삶의 환희와 노래와 춤을 경험하지 못하고 성장했다. 노래와 춤을 경험하지 못한 사람들은 축제의 삶을 즐기지 못한다. 삶이 포도주가 되고 여자가 되고 노래였던, 니코스 카잔차키스(Nikos Kazantzakis) 소설의 주인공 '그리스인 조르바'처럼 사회의 규정과 상식을 벗어나 자신의 정념에 직관적으로 최선을 다해 몰입하는 사람들만이 삶이 축제가 된다. 시대가 변하고 라이프스타일이 변해도 변치 않는 가치들이 있다. 인간의 행복추구와 기본 삶의 조건들이다.

세계 어느 곳이라도 교육은 전통적으로 가정에서부터 이루어졌고 아이들 최초의 교사는 부모였다. 그러나 놀이처럼 인간에게 기쁨을 주는 모든 것은 비난받고, 억압과 자기 학대가 찬양받는다. 그리고 불행과 가난을 영적인 가치가 있는 것처럼 추켜세우는 일종의 신경증이 관습처럼 전해지고 있다. 지식과 정보를 주입하는 기계적인 교육은 인간을 더욱 병들게 하고 있으며, 이 병은 성공만을 추구하는 경쟁적인 사회구조에 의해 더욱 심해지고 있다. 이 병을 치유해서 행복한 사회를 만드는 길은 교육이 삶 자체를 통찰할 수 있는 배움이어야 한다. 교육으로 두려움이 없는 완전하고 전체적인 통찰력의 소유자들을 만들어내어 지구 위에 영원한 평화와 자유가 깃들게 해야 하는 것이다.

교육자들과 과학자들은 과학기술의 진보가 곧 사람들의 라이프스타일의 변화를 주도함을 빨리 각성해야 한다. 과학기술 혁명에 따른 의식주 변화와 라이프스타일 변화에 따라 교육도 당연히 혁신되어야 함을 인식해야 한다.

이제 더 이상 주먹도끼를 쓸 수는 없다. 새로운 시대에 맞는 가치와 삶의 기술이 우리 아이들을 행복한 인간으로 만드는 교육이 되어야 한다.

그렇다면 앞으로 새로운 시대에는 주먹도끼 기술 대신 어떤 내용의 교육이 필요할까? 인류의 변치 않는 삶의 요소와 가치인 의식주를 통한 라이프스타일 교육 사례는 실생활 속에서 아이와 함께 경험할 수 있는 삶의 지경을 더 확장시켜줄 것이고, 미래 사회의 라이프스타일 변화에 따른 삶의 요소와 가치들은 앞으로 아이들에게 어떤 배움을 준비시켜야 할지에 대한 방향을 안내해줄 것이다.

| CONTENTS |

3장 라이프스타일의 필수 요소, 의식주부터 시작하라

4장 삶을 풍성하게 만드는 경험을 선물하라

• 1장 •

부모의
라이프스타일이
아이의 미래를
결정한다

아이를 즐거운 삶에 중독시켜라

'포노 사피엔스' 아이들을 위한 미래 교육

라이프스타일은 부모와 자녀를 통해 가정의 전통과 일상생활을 그대로 옮겨오기도 하고 학교와 친구는 물론 과학기술의 발달과 미디어 매체의 영향을 받기도 한다. 스마트폰의 등장 이후 카카오톡과 버스앱, 스마트뱅킹과 유튜브가 없는 세상은 이제 상상할 수도 없을 만큼 혁신적으로 변했지만, 사람들은 여전히 삶의 변화에 둔감하다. 이미 디지털 시대에 깊숙이 접어들었음에도 불구하고 기성세대들은 여전히 디지털 문맹이 많고 디지털 원주민인 밀레니얼 세대 아이들이 살아갈 미래는 어떻게 변할지, 어떤 교육을 하고 무엇을 준비해야 하는지에 대해서는 깊이 있게 생각하지 않는다.

과학기술 혁명으로 매일 변화하는 세상에서 자신의 아이만 세상의 변화 기류를 타지 못해 낙오자가 된다면 그것은 누구의 책임일까? 독서실에서 입시 공부에만 몰두하다 변화의 시기를 알아채지 못하고 시대의 낙오자가 된다면?

부모들은 딜레마에 빠져 있다

모든 문제의 본질은 항상 부모 자신에게 있다. 입시제도를 탓하고 일류 대학을 삶의 목표로 삼는 사회적 신화를 탓한들 스스로 다른 대안을 생각하지 않고 습관적으로 살아온 책임을 피할 수는 없다.

하지만 오늘날 부모들이 처한 교육 현실은 매우 복잡하다. 남들처럼 일류 대학을 보내야 능력 있는 떳떳한 부모가 된다고 생각하면서도 아이의 개성과 의견을 존중하는 창의 인성 교육과 미래 사회가 필요로 하는 인재로 키우고 싶은 교육 딜레마에 빠져 있기 때문이다.

드라마 〈스카이 캐슬〉의 세상은 허구가 아니라 직시된 우리의 현실이다. 무엇을 포기하고 무엇에 집중해야 할지 아무리 책을 읽고 맘카페에서 활동하고 전문가의 상담을 받아도 속 시원한 대답을 얻기가 어렵다. 부모들의 교육열에 비해 아이들에게 주어진 하루 24시간이 너무 짧다. 그렇다고 잠을 재우지 않을 수도 없다. 성장호르몬이 제대로 분비되지 않아 키가 덜 자랄까 봐 그것 또한 불안하다. 공부를 하라고 할 수도, 잠을 자라고 할 수도 없다.

스마트폰 이용 시간을 줄이라고 해도 아이들은 이미 스마트폰 없이는 살기 어려운 '포노 사피엔스(Phono Sapiens)'다(최재붕, 《포노 사피엔스》, 샘

앤파커스, 2019). 이들은 '반인반폰(半人半-Phone)' 시대의 인류다.

그렇다면 포노 사피엔스로 살아가면서도 자기 삶의 주인이 자신임을 알고, 인류 공통의 행복을 위해 협력하는 용기 있는 아이로 똘똘하게 키울 수 있는 방법은 없을까?

아이들이 부모와의 일상생활에서 통합적인 배움을 얻고 학습과 인성은 물론 미래 사회를 끌어갈 리더로 성장해갈 수 있는 라이프스타일 교육은, 그래서 중대한 시대적 요청이라고 할 수 있다

가치 있는 생활양식이 성숙한 자녀를 기른다

심리학자 알프레트 아들러(Alfred W. Adler)는 한 개인의 삶에서 라이프스타일의 중요성을 다음과 같이 말했다.

"생활양식은 대부분 4~5세에 형성되어 이후로 거의 변하지 않는다. 나중에 새로운 형태로 나타나는 개인의 독특한 생활양식은 어릴 때 정착된 기본 구조의 확대에 불과한 것이다. 개인의 독특한 생활양식은 생각하고 느끼며 행동하는 모든 것의 기반이 된다.

다시 말해, 형성된 생활양식은 외부 세계에 대한 태도를 결정하고, 평생 기본적인 성격 구조를 일관성 있게 유지시킨다. 생활양식이 개인이 창조하는 것이기는 하지만 환경을 바탕으로 사람들과의 관계에서 만들어진 것이고, 이것이 평생 개인의 삶을 이끄

는 지침이 되기에 만들어진 상황을 전혀 무시할 수는 없다. 생활 양식은 인간의 삶을 구성하고 있는 다양한 관계와 다양한 환경 요소들과 분할될 수 없는 하나의 시스템이다."

라이프스타일 교육이 중요한 이유도 바로 이 부분에 있다. 아이들은 가정의 울타리 안에서 태어나고 성장하기에 부모의 라이프스타일에서 비롯된 언행이 학습되고 훈련된다. 만약 부모가 가치 있는 지향점을 가지고 있고 더 협력적인 인성이라면 부모의 라이프스타일은 더 교육적이 된다.

반면에 그 반대의 경우에는 오히려 부모가 아이들을 범죄자로 성장시킬 수도 있다고 아들러는 경고한다. 아들러는 적어도 아이들을 자기만 아는 응석받이가 아니라, 서로 협력하며 성장하는 성숙한 인간으로 키워나가는 교육 방법으로 가정에서의 생활양식을 중요한 키워드로 읽어냈던 것이다. 상담 과정에서 아들러는 내담자의 문제는 인생 초기에 형성한 생활양식에 크게 영향을 받는다는 결과를 얻기도 했다.

'중2병'은 행복한 병이다

유년기에 형성된 인성이 고정 불변하는 것은 아니다. 인간의 뇌는 언제든 변화를 받아들일 준비가 되어 있다. 생애 단계별로 겪게 되는 삶의 변화나 교육과 훈련, 대인관계에서 비롯된 자극과 책이나 미디어 매체의 영향으로 인간의 뇌는 끊임없이 변한다. 이런 변화가 가장 극적으로 일어나는 시기가 바로 청소년기다.

특히 사춘기 이후에는 부모 이외에 자아가 아닌 다른 세계의 모든 요소들을 뇌를 통해 자극제로 받아들이며 새로운 자아를 다시 구축해 나간다. 그래서 청소년기의 교육이 유년기에 형성된 라이프스타일을 변화시킬 수 있는 절호의 기회라고 할 수 있다.

'중2병'이라는 말은 다시 말하면 새로운 가능성이다. 이 시기, 아이들은 두뇌가 폭발하며 창의적인 새로운 생각으로 자기만의 유니크한 스타일을 만들어간다.

청소년기의 아이들이 미친 사춘기를 겪는 이유는 바로 급격히 사회적 두뇌가 발달하면서 엄마와의 유착 관계를 끊고 아이돌, 친구, 슈퍼스타, 영웅들을 뇌로 끌어들여 동기화하며 새로운 자아를 구축해나가기 때문이다. 이 시기 아이들은 마치 다양한 인격체가 한 사람 안에 들어 있듯 그 속을 알 수 없는 급격한 변화의 상태가 된다.

재미로 미친다

이 시기 청소년의 뇌는 분노, 공격성, 흥분 등을 관장하는 편도체의 지배를 더 많이 받는다. 이런 이유로 청소년들은 충동과 감정을 억제하지 못하고, 본능에 더 민감하고, 쉽게 흥분하거나 좌절한다. 이때 아이들이 동기화하는 인물이 어떤 사람인지, 무엇에서 자신에게 부족한 열등감이나 자아 존중감을 대체하려 하는지에 따라 건전한 일상을 가진 성인으로 성장하기도 하고 범죄의 늪에 빠지기도 한다.

청소년 시기의 아이들은 특히 재미있는 일들에 단번에 빠져든다. 재미 추구는 인간의 본성이다. 긍정적이고 생산적인 삶의 요소들을 일상생활 속에서, 또는 교육과정에서 꾸준히 강화해주거나 동기를 부여해주면 일상의 습관이 되고 삶의 스타일이 된다.

나쁜 중독은 치명적이지만, 예술이나 독서 같은 좋은 중독은 삶의 질을 높여주는 긍정적 효과를 가져온다. 이런 효과를 기반으로 일상생활의 모든 것을 교육 도구로 전환하여 융합 교육을 진행한다면 아이들의 삶은 조금 더 행복하게 일보 전진할 수 있다.

스스로 깨어 있어라

라이프스타일은 단순히 의식주만으로는 간단히 설명되지 않는다. 그 안에 들어 있는 더 세부적인 삶의 요소들에 의해 다양한 변형을 거치면서 하나의 스타일이 완성되기 때문이다. 21세기 초까지만 해도 스마트폰이 일상을 지배하며 라이프스타일이 되리라고는 쉽사리 꿈꾸지 못했다. 그러나 이미 사람들은 그 미래를 훨씬 앞당겨 살고 있다. 기술이 인류의 라이프스타일을 모두 바꿔놓은 것이다.

21세기의 새로운 문명을 살아갈 아이들이 끝끝내 행복하려면 《사피엔스》(조현욱 옮김, 김영사, 2015)의 저자 유발 하라리(Yuval Harari)의 말처럼 각자가 먼저 깨어 있어야 한다.

핵전쟁과 생체 데이터 공유에 의한 인간 해킹으로 인간이 멸종되기 전에 어쩌면 '혼족(나 홀로족)'과 '홈족(Home族)'의 경계 어디쯤에서 인간은 고독사로 멸종 위기에 놓일 수도 있다. 특히 스스로의 행복을 안전하게 누릴 목표로 아이 갖기를 주저하는 젊은이들이 늘어나 저출산 현상이 계속 이어진다면 인류의 종족 보존이라는 진화의 과정은 결국 중단될 위기에 빠지고 말 것이다.

아마존, 구글, 페이스북 등 빅데이터 기반 소비사회가 조직화하는 상품 중심의 라이프스타일은 수동적이며 위험하다. 결국 자신의 취향이고 자신의 스타일이라고 믿었던 것들이 상품자본에 의해 구성된 것일 수 있기 때문이다. 그들은 소비자보다 앞서 소비자 취향의 상품을 선택하고 진열한다.

따라서 인간의 존재 자체를 소비의 대상으로 대상화하는 플랫폼 기반 거대 기업들에 대한 데이터 규제는 탈상품화 움직임과 함께 미래 사회에 인류가 지속 가능할 수 있는가 하는 문제와 밀접히 관련되어 있다. 이는 깨어 있는 주체적 존재로서 자신의 삶을 디자인하는 라이프스타일 교육이 미래 교육의 핵심이 될 수밖에 없는 이유이기도 하다.

이를 위해서는 무엇보다 변화무쌍한 과학기술에 대처할 수 있는 유동적인 시대 인식과 융통성, 지성을 가진 직관적이고 통찰력 있는 인재 육성이 중요하다. 왜 그럴까? 그동안 인간의 사고에 의해 작동하던 많은 일들을 점점 인공지능이 대체하고 있기 때문이다. 4차 산업혁명 시대 교육의 대안으로서 라이프스타일 교육을 주장하게 된 이유도 결국 우리의 라이프스타일의 변화가 세상과 삶을 변화시킨다는 생각 때문이다.

잠깐 상식!

치유로서의 리빙 스타일

신경건축학의 선구자인 에스더 M 스턴버그(Esther M. Sternberg) 박사는 저서 《공간이 마음을 살린다》(서영조 옮김, 더퀘스트, 2013)에서 "나를 위로하는 정원·치유가 빨라지는 병실·스트레스를 덜어주는 사무실·오감을 자극하는 놀이동산·영감이 솟는 연구소·건강한 도시"가 치유 효과가 있다는 과학적 근거를 제시한다.

정원으로 향한 창문 하나만으로 병원의 환자가 더 많은 치료 효과를 봤다는 이야기, 프랑스 피레네산맥 루르드 성당의 치유의 기적, 이탈리아 아시시의 햇빛과 아름다운 풍광과 정신적 기운에 영감을 받아 소아마비 백신을 개발한 뒤 솔크 연구센터를 같은 조건으로 건립하여 건축가와 과학자들의 메카로 등극시킨 솔크 박사의 사례 등으로 공간이 마음을 살리는 치유적 효과가 있음을 확인시켜주고 있다.

자연 속에서 치유의 경험을 얻는 것도 공간이 마음을 치유하는 효과와 같은 원리다. 잠시 머무는 병원이나 연구소, 성지가 인간 심리와 호르몬에 영향을 끼쳐 치유 효과가 있다면, 우리가 늘 거주하는 집이라는 공간을 어떻게 가꿔나가야 할지에 대한 답이 보인다. 아름답고 편안하고 따뜻한 리빙 스타일은 그 자체로 치유적 효과가 있을 뿐 아니라 디자인과 색채 등의 예술적 감각을 향상시킴은 물론 안정된 인성과 열린 태도로 소통 능력을 향상시키는 교육 효과를 낼 수 있다.

부모는 아이
최초의 교사다

부모의 라이프스타일이 곧 자녀의 미래다

휘게, 라곰, 킨포크 등 북유럽 라이프스타일의 핵심은 자기 자신에게 집중하며 행복의 중심에 자신을 두는 것이다. 성공하는 사람들에겐 성공하는 라이프스타일이 있다. 그리고 그 라이프스타일은 아이 최초의 교사인 부모로부터 시작된다. 부모는 아이 최초의 교사다. 만약 부모가 아이에게 '인간은 무엇을 할 수 있고, 무엇을 하는 것이 중요한가'를 일상을 통해 성인이 되기 전까지 지속적으로 교육한다면 학교교육에서 인성 교육과 생활 지도는 필요없게 될지도 모른다.

우리는 이미 내 아이가 나와 같지 않다는 것을 알고 있다. 언어도, 생각도, 보는 것도, 느끼는 것도, 심지어 유머의 포인트도 다르다. 그럼에도 불구하고 습관적인 나의 라이프스타일을 옳다고 강요한다면,

그것은 맞지 않는 옷을 억지로 입히는 것과 같다. 아이들에게는 새로운 디지털 세계의 옷을 스스로 만들어 입도록 해야 한다. 그들은 이미 선수다. 스마트폰 하나로 사람들과 연대하여 앎과 가치를 창출할 수 있는 능력과 직관과 통찰력까지도 스스로 강화해나가고 있다.

부모는 그런 아이들이 스스로 공부할 수 있도록 강화 학습의 틀만 마련해주면 된다. 칭찬과 사랑과 격려와 자율이라는 보상으로 강화하면 그들은 빅데이터를 수집하고 그를 통해 새로운 지식을 만들고 문제를 해결해서 결국 성과를 만들어내며 성장한다. 그러니 디지털 세상과 아날로그 세상의 경계에 갇혀서 우물쭈물하고 있는 부모 세대들이 미래 사회에 대해 먼저 상상하고 우물의 경계를 넘어서서 길을 열어줘야 한다.

미래 사회의 주역이 될 아이들을 위한 교육을 진정으로 원한다면 먼저 미래 사회는 어떻게 변화할지 상상해야 한다. 도대체 미래 사회는 어떻게 변형되고 그 변화된 사회에 필요한 삶의 조건들은 무엇이며, 사회가 변화해도 변치 않는 삶의 조건들은 무엇일까? 미래 사회에서 생활을 유지할 수 있는 일들은, 인간으로 행복을 추구하며 살아갈 수 있는 일들은 무엇일까? 무엇을 인공지능(AI)이 하고 무엇을 인간이 할 수 있을까? 인간 존재는 어떻게 규정될까? 등에 대한 고민이 있어야 한다.

상상력을 키우며 사람으로서의 삶의 자세와 태도를 키워주는 창의 인성 중심의 교육만으로도 아이들이 직면하게 될 미래 사회를 준비하는 것은 벅찬 일정이다. 우리 부모들은 아이들의 최초의 교사다. 우리의 생각이 곧 우리 자신의 라이프스타일이고, 우리의 라이프스타일이 곧 우리 자녀의 미래다.

자신감 넘치는 프랑스와 미국 유대인 부모의 라이프스타일 교육법

부모의 라이프스타일이 아이의 미래라면, 부모들이 먼저 자신들의 생각과 라이프스타일의 변화를 통해 일상 속에서 변화를 시도해야 한다. 사실 부모들이 가정의 일상을 통해 아이들을 교육해야 할 부분들도 모두 학교 교사들에게 미루고 있는 것은 아닌지 자신 안의 욕망을 잘 들여다봐야 한다.

아이들은 대체로 문제에 대한 대안을 부모와 함께 생각하고 대화하면 사고가 다양하고 유연해지는 경향을 보인다. 그러나 그게 안 될 경우에는 즉시 자신을 부정적으로 억압하는 성향을 띤다. 프랑스의 부모들은 양육 효능감이 높은 것으로 유명한데, 규제와 자율이라는 두 가지 제한선을 현명하게 사용하기 때문이다. 반면에 한국의 부모들은 대체로 양육 불안도가 높고 '안 돼'라는 말을 많이 사용하며 대화보다는 훈육을 한다. 자신의 자녀 교육에 자신이 없기 때문이다.

프랑스 부모의 라이프스타일 교육과 미국 유대인 부모들의 라이프스타일 교육을 살펴보면 자녀 양육에 대한 강한 자신감을 엿볼 수 있다. 예스와 노가 분명하고, 또 그것이 일정 규칙 안에서 일관성 있게 진행된다. 그리고 각각 자신이 자랄 때 받은 부모로부터의 양육 기법을 변하지 않는 가치로 전수받으며 전통적인 교육법을 일상 속 자녀 교육으로 이어오고 있다. 무엇보다 삶의 철학과 태도를 생활 습관으로 키워주는 것이 포인트라고 할 수 있다.

그와 더불어 식사 전 가족들이 함께 하는 감사기도도 하루를 시작하는 명상이 된다. 캐나다 벤쿠버에 사는 친구 집에 놀러갔다가 아침마다 가족들이 모두 둘러앉아 식전 기도를 하던 순간의 성스러움이

| 프랑스 및 유대인 부모의 교육법 |

프랑스 부모의 라이프스타일 교육법	미국 유대인 부모의 라이프스타일 교육법
• 부모가 어떤 결정을 내리기 전에 아이가 어떻게 느낄지 아는 것을 중요하게 여기고 아이의 의견을 어려서부터 존중한다. • 한번 규칙을 정하면 끝까지 지키면서 마시멜로의 법칙처럼 만족지연 능력을 키워준다. • 사회의 일원으로서 갖추어야 할 식사예절과 배려심 및 참는 법을 일상생활에서 가르친다. • 함께 어울리며 놀기 위해 양보와 배려하는 태도를 일상생활 속에서 몸소 실천하며 보여준다. • 아이는 존중받아야 할 소중한 존재로 존중받는다. • 부모는 아이의 인생 가이드로서의 역할을 하면서 아이 눈높이에서 소통하고 아이 스스로 자발적으로 할 수 있도록 기다려주는 인내심을 가진다. • 부모 스스로 양육에 대한 자신감을 갖는 것을 중요하게 생각한다.	• 아이를 존중하고 칭찬을 반복하는 교육법을 사용한다. • 하루의 부정적인 감정을 털어내고 내일의 희망을 꿈꿀 수 있도록 자녀가 잠자리에 들면 책을 읽어준다. • 아이의 교육은 주로 아버지가 담당하고 교사는 학교에서 나머지 20퍼센트를 가르친다. 학교에서는 3개 국어로 수학, 과학 통합 수업을 한다. • 아이들은 아버지와 함께 집에서 《탈무드》를 공부한다. 《탈무드》는 하나님의 뜻이 무엇인가를 탐구해가는 게 중심 목표다. 이를 해결하기 위해 생각하고 아이디어를 내는 과정에서 아이들은 높은 도덕성을 갖게 된다. • 토론과 비판적 읽기 습관을 집에서부터 교육하고 '하브루타(chavruta)' 수업으로 강화한다. • 《탈무드》를 통해 행동과 성품을 변화시킨다. • 대접받고 싶은 만큼 다른 사람을 대접하도록 가르친다. • 아이 때부터 식사 전에 기부함에 동전 넣기를 가르쳐 남을 위한 기부와 자선 행위를 자연스럽게 익히도록 한다.

*EBS 프로그램 〈세계의 교육현장〉 참고

아이들의 교육과 심성에 얼마나 큰 힘이 될지를 느꼈었다. 우리나라의 밥상머리교육처럼 식사 테이블이 중요한 가정교육의 장이 되는 프랑스와 미국 유대인 가정의 라이프스타일 교육 방법이다.

동양과 서양의 전통적인 가정교육과 본서에서 제안하는 라이프스타일의 차이점은 훈육과 수동성, 자발성과 능동성을 큰 차이로 꼽을 수 있는데 프랑스와 유대인의 가정교육은 일단 자녀들을 독립된 하나의 개체로서 존중하며 대한다는 점과 부모가 직접 아이와 함께 삶을 경험하고 체험하며 스스로 답을 찾아가게 한다는 점이 라이프스타일 교육과 닮아 있다. 주체적이고 책임감 있는 자기 삶의 주인공이 된다는 것은 동서고금을 막론하고 교육의 핵심이다.

우리의 라이프스타일은 아이의 미래가 되고 삶이 된다

과학기술의 발달과 함께 미래 사회가 변하고, 변하는 미래 사회에 맞춰 사람들의 라이프스타일도 변한다. 변화된 개별적인 라이프스타일은 변화된 사회 트렌드를 만들고 변화된 사회 트렌드에 따라 다시 그 사회의 상식과 개념들이 만들어지며 그것이 미래 교육의 콘텐츠가 된다. 변화된 미래의 상식과 개념들에 맞춰 급격하게 변화된 사회 속에서 조화롭고 주체적인 삶을 살아가는 아이들의 행복한 미래를 위해서도, 부모는 미래 사회의 변화와 라이프스타일의 변화에 대해 먼저 상상하고 대비해야 한다.

디지털, 휴대성, 유동성, 개별성, 가상성, 공유성, 연결성, 독창성 등으로 특징지을 수 있는 미래 사회의 특성에 따라 라이프스타일도 변하고 그와 함께 교육도 변해야 한다. 교육은 아이들이 속한 사회의 교양과 상식 수준의 삶의 기술을 배우는 과정이기 때문이다. 이제는 스마트폰 출현 이후 급격하게 변한 디지털 시대의 교양을 배워가야 하고, 미래 사회에 대비할 지식을 아이들 스스로 창조적으로 생산할 수 있도록 교육 방향을 바꿔야 한다.

우리가 상식과 지식이라고 말하던 많은 규정과 개념들이 죽은 지식이 되어 새로운 규정과 개념으로 수정되어야 한다. 밀레니얼 세대는 이미 지식의 생산자다. 그들이 생산한 새로운 지식과 상식이 미래 사회의 교양과 상식이 됨을 기억해야 한다. 그러나 우리의 상식과 국가 단위 교육정책이 바뀌려면 빗물이 바위를 뚫어야 한다. 그렇기에 부모들의 라이프스타일로 이끌어낸 교육 혁신이야말로 사건이 되고, 역사가 된다. 우리가 상품자본 시대의 소비자이자 유튜버이고, 블로거이며 디지털 개미라는 사실은 바로 우리가 미래 사회! 그 역사의 주역이라는 말과 같다!

교육은 이제 한국 교육, 미국 교육, 핀란드 교육처럼 국가나 지역에 따라 분과적으로 논의되어서는 안 된다. 이제 세계는 클라우드로 초연결된 시대로, 이미 시대의 이슈와 패러다임은 우리가 논하던 미래 사회로 패러다임이 바뀌어 있다. 교육도 세계적인 관점에서 교육 혁신과 교육 담론을 다시 생산해야 한다. 우리나라가 교육 혁명을 성공적으로 완성했다고 해도 미국, 중국, 일본 등의 나라들이 디지털 전환 시대의 라이프스타일 변화와 산업구조와 사회 변화에 대응한 교육 혁명이 이루어지지 않는다면 우리 아이들이 사는 미래 사회는 안전할 수 없다. 무엇보다 교육을 통해 세계인들이 미래사회의 핵심 가치와 인류존속의 의미를 공유해야 한다.

교육 혁명은 단순히 우리나라의 입시제도의 문제점을 변화시키는 수준에서의 공론이 아니라 시공간을 초월하는 우주적 관점에서 세계가 함께 담론을 생산해야 한다. 21세기 지구의 해결과제인 핵, 식량, 환경, AI안전 등의 문제는 단순히 우리나라 국민들의 의식수준과 교육수준 향상만으로 해결될 수 없는 지구촌 전체의 문제이기 때문이다. 이제 교육혁명은 세계가 연대하고 협력해야 한다.

미래 교육의 핵심은 우리의 상상력과 라이프스타일에 있다

우리는 버스표를 예매하기 위해 버스터미널에 직접 가지 않고, 여행사가 대행하던 항공권 구입도 개인이 직접 한다. 이 단순한 변화는 생활 주체를 집단을 중심으로 '문화'라고 읽던 거대 담론에서 생활 주체를 개별성을 중심으로 한 개인의 '라이프스타일'로 읽어낸다는 커다란 차이가 있다. 문화의 시대가 저물고 라이프스타일 시대가 도래한 것이다.

우리의 라이프스타일을 상품자본 대기업이 먼저 선점하여 아마존 스타일, 알리바바 스타일, 구글 스타일, 쿠팡 스타일로 말하기 전에, 인간보다 더 똑똑한 지능은 물론 효율적인 파워와 매력적인 비주얼까지 갖춘 로봇이 우리의 존재를 대체하기 전에 우린 좀 더 깊이 자신과 세계에 대해 알아가는 근원적인 앎과 배움의 세계를 열어야 한다.

그러나 그것을 하나의 특징적인 거대 문화로 특징짓기는 어렵다. 개별적으로 각자 자기만의 유니크한 생활 방식으로 일상을 꾸려나가며 수십억 개의 원자적인 라이프스타일을 만들어내기 때문이다.

라이프스타일 교육은 전통적인 개념의 가족단위를 기본으로 하기는 하지만, 2035년 35퍼센트에 육박한다는 미래 1인 가족시대에 라이프스타일 교육의 범위와 한계에 대해서도 숙고해야 한다.

'패밀리로맨스'는 일본의 가족 대여 서비스인데, 가족이나 친구를 4시간에 20만 원으로 대여한다. 손자손녀를 대여하기도 하고 한 부모 가정을 보완하는 엄마아빠의 역할도 한다. '패밀리 로맨스' 대표는 20여 년간 35개의 가정을 가지고 아빠와 아들의 역할을 대행하며 관계를 이어오고 있다고 한다. 미혼모 아이의 초등학교 행사에 아빠로 참가하기 시작하면 아이가 결혼할 때까지도 아빠 역할을 대행해 사실상 한 가족과 다를 바 없는 관계가 된다고 한다.

가족대행서비스는 우리에겐 아직 낯설지만 구성원들과 가족보다 더 긴밀한 관계를 나누는 하우스셰어, 룸셰어, 라이프셰어, 오피스셰어 등은 이미 익숙하다. 미래 사회에서 공동체의 기본 단위인 가족의 개념과 범주가 이미 변화되고 있는 상황임을 알 수 있다.

셰어링은 종류는 달라도 서로 비슷한 취향과 관심을 가진 사람들이 모이기에 셰어링 공간 자체가 또 하나의 학습 공간이 된다. 미래에 인공지능을 탑재한 고도화된 기계들이 사람들의 노동력을 더 많이 대체하면 주 4일 근무가 일반화될 뿐 아니라 더 많은 여가 시간을 가질 수 있다.

북유럽에서 라이프스타일 숍과 인테리어 디자인이 발달한 것도 집에서 개인적인 여가 생활을 주로 하는 북유럽인들의 생활패턴에 따른 것이다. 휘게, 라곰, 킨포크, 미니멀리즘, 워라밸, 소확행 등의 라이프스타일 개념들의 등장도 맥락이 같다고 볼 수 있다.

'우리동네 키움센터' 같은 경우는 맞벌이 중심 사회에서 공공육아 서비스라는 점이 현시점에서는 필요한 정책이지만, 미래 사회의 라이프스타일 변화와 장기적인 교육적 관점에서는 다시 디자인되어야 할 부분이다. 오히려 부모들이 가정에서 아이들을 교육할 수 있는 재교육 프로그램들을 아이와 함께 체험할 수 있는 시스템을 만들어내는 것이 장기적으로는 더 유리하다. 예비부부의 미래 부모교실과 어린이들의 학령기에 따른 다양한 라이프스타일 연계교육 프로그램 등을 전문적으로 재교육시키는 시스템이라고 할 수 있다. 사실 아이들의 의무교육보다 더 중요한 것이 학부모 의무교육이다.

우린 16년 동안의 배움의 기간 동안 거의 단 한 번도 부모가 되기 위한 예비교육을 받지 않는다. 아이 만드는 과정까지만 성교육을 통해 교육할 뿐이다. 그러나 아이를 만드는 것은 순간이고 키우는 것은 평생이 걸린다는 것을 이미 모두 잘 알고 있다. 그것도 매일매일이 해결해야 할 숙제로 가득한 것이 육아와 보육의 특성이다.

20년만 키우면 성인이 되어서 부모의 의무를 벗어난다고 생각할 수 있지만, 아이가 의존적이며 독립적인 삶의 태도를 가지지 못할 경우 부모라는 이유로 죽을 때까지 자식의 입에 먹이를 물어다 주는 새가 되고 만다. 제비도 새끼가 약간 자라면 먹이를 입에 넣어주지 않고 자신의 입에서 쟁취해가도록 교육한다. 그 과정을 통해 제비들은 혼자 먹고 나는 법을 공부해서 긴 여행을 떠나게 되는 것이다.

사람도 마찬가지다. 아이를 의존적인 응석받이로 키웠을 경우 오히려 부모가 죽을 때까지 자식으로부터 독립하지 못하고 휘둘려 살아야 함을 잊지 말아야 한다. 중독환자의 무서운 점 중 하나가 가족도 환자도 서로에게 의존하며 더 깊이 관계 중독에 빠진다는 것이다. 한마디로 그것은 서로에게 큰 고통이다.

당신은 사랑스러운 미래 라이프스타일 에듀케이터!

부모는 아이의 미래를 선도하는 사랑스러운 라이프스타일 에듀케이터(Educator)다. 라이프스타일 에듀케이터인 부모가 내일 당장 아이를 위해 무엇을 할 수 있을까? 무엇부터 생각하고 해나가야 할까?

먼저 변치 않는 인류의 핵심 가치를 가르치고, 다음엔 변화하는 상품자본 시대의 기계문명에 대처하는 자세를 가르치자. 그리고 삶의 양식인 라이프스타일이 곧 아이들의 교과서이며 삶의 교육이 됨을 인식하고 변화된 4차 산업혁명 이후의 사회에서 아이들이 반드시 배워야 할 독서, 환경, 상업 윤리와 소비자 윤리, 예술, 미디어 리터러시

(Media Literacy: 다양한 미디어에서 나오는 정보를 단순하게 받아들이지 않고 비판적으로 해석하고 검토할 수 있는 능력. 반면 디지털 리터러시Digital Literacy라는 용어도 쓰이는데, 이는 미디어 활용 능력. 즉 디지털 기기를 활용하여 원하는 작업을 실행하고 필요한 정보를 얻을 수 있는 지식과 능력을 말한다), 놀이, 인공지능 안전, 명상 등을 키워드로 하여 변화된 미래 사회에서도 아이들이 행복하고 주체적인 삶을 살아갈 수 있는 방법을 지금부터 함께 모색해보자.

지구의 에너지원이 고갈되어 전기가 들어오지 않는 깜깜한 밤과 수경재배가 중단되어 채소를 마음껏 먹을 수 없는 순간이 와도 원시적인 자급자족적인 경제생활만으로도 삶을 영위해갈 수 있는 강단과 지혜와 기술을 교육해야 한다.

아이들에게 삶의 철학과 관점, 생활 기술과 명상을 일상 속에서 함께 배우거나 교육해나가는 것이 중요하다면 그것을 전달하는 방법도 중요하다, 라이프스타일 교육이 중요하다면, 먼저 아이와 소통하는 대화법의 지혜도 공부해야 한다.

잠깐 상식!

라이프스타일 에듀케이터의 대화법

- 우리가 진정 원하는 것을 아이에게 알리고 싶을 때에는 긍정적이고 명확하게 구체적인 행동을 가리키는 언어로 부탁한다. 부탁할 때에는 우리가 원하지 않는 것보다 우리가 원하는 것을 먼저 부탁한다.
- 우리가 아이와 대화할 때 아이들의 문화를 먼저 이해하며 세대 간 문화의 차이를 이해하는 것이 중요하다.
- 아이와의 대화에서 스스로가 약자라고 생각하면 상처받고 외로워진다. 이것은 부모나 아이가 다 똑같다. 부모가 자녀와의 관계에서 폭력적인 경우를 잘 들여다보면, 부모 자신의 자아가 약하고 자존감이 약한 경우를 많이 확인할 수 있다. 마음속의 상처가 사라지면 언어도 달라진다. 언어의 온도가 따뜻하게 상승한다. 내 상처에 집중해서 포기하면 아이는 더욱 멀어지고 아이의 상처를 수용하면 마음이 저절로 열리고 더 따뜻한 부모가 된다.
- 욕구는 아이나 어른이나 다 똑같다. 느낌으로 통한다. 아이는 두려움을 느끼고 부모인 우리도 나쁜 결과가 올까 봐 두려워한다. 우리 자신의 욕구에 귀 기울이고 자신과 대화를 충분히 하면 아이의 욕구와 두려움에 대해 더 많이 이해하게 된다. 욕구는 채워지면 즉각 사라진다. 동요되지 않으면서 느낌과 욕구를 표현하는 것이 중요하다.
- 아이와 갈등이 생길 때는 아이를 자신의 생각대로 가르치고 설득하려고 하기 전에 자신의 느낌과 욕구를 먼저 아는 것이 중요하다. 이를 자기 공

감이라고 하는데, 먼저 자신의 감정을 정리하고 내면과 대화하며 자신의 욕구를 먼저 알아차리고 이후 아이와의 대화에서 화가 난 이유를 차분히 적어보는 것이 좋다. 이는 다시 아이와 대화를 이어갈 수 있는 방법이 될 수 있다.

- 일상적으로 나누는 "식사하셨어요?", "잘 다녀오셨어요?", "힘드셨죠?", "수고하셨어요" 등의 말에는 부모에 대한 아이의 궁금증과 챙김의 마음이 들어 있음을 알아차려야 한다. 늘 습관적으로 하는 말인 것 같지만, 아이의 의중에 어떤 마음이 들어 있는지를 듣는 게 중요하다. 대화법은 한쪽만이라도 상대방의 의중을 알면 잘 풀려나간다.
- 남편이나 아내가 외출할 때 배우자가 "또 나가?"라고 하는 말은 "당신이 함께 있었으면 좋겠어"라는 의중이 들어 있는 것이다. 아이들의 "학교 오기 싫어요"라는 말의 의중에는 "저에게 관심을 주시고 저를 즐겁게 해주세요, 저 좀 칭찬해주세요"라는 사랑과 관심의 욕구가 들어 있음을 눈치채야 한다. 우리가 모든 사람들로부터 사랑과 관심을 받고 싶어 하는 욕구에 늘 시달리는 것처럼 아이들도 똑같은 욕구에 시달린다.
- 우리는 대체로 내 아이의 능력을 너무 높게 또는 너무 낮게 바라보며 문제를 일으킨다. 판단 평가를 없애고 모든 사람은 다 평등하다는 생각과 자세를 가져야 한다. 공부와 일도 우리가 우리 자신의 존엄을 위해서 하는 것이라고 생각하면 더 편안해지고 성숙해진다. 내 아이 공부도 우리처럼 아이 자신의 존엄과 평화와 행복을 위한 것인 만큼 이를 존중해주자. 아이의 능력을 너무 높게도 낮게도 평가하지 말고 아이 자체를 그냥 존엄한 한 인간으로 대하자. 부모의 태도가 이렇듯 달라지면 아이는 부모의 기대로 인해 받았던 상처가 바로 사라진다.

비전의 크기가 곧 삶의 크기다

로켓의 폭은 이미 로마시대 때 정해졌다

얼마 전 EBS 프로그램 〈지식채널e〉에서 매우 흥미로운 사실을 하나 알게 되었다. '표준궤'라고 부르는 '선로의 폭'이 로마 시대 말 두 마리의 엉덩이 폭에서 유래했다는 사실이었다.

> "로마의 도로, 마차선로, 기차선로, 우주 로켓은 모두 4피트 9인치다. 이는 로마의 표준 도로에서 비롯되었는데 그 산출식은 '말 엉덩이 × 2 = 4피트 9인치'가 근거다."

최첨단 산업인 추진 로켓(로켓 부스터)의 크기가 고대 로마의 도로에서, 그것도 그 도로 위를 달리던 말 엉덩이 크기에서 비롯되었다는 이야기는 매우 놀라웠다. 물론 추진 로켓을 선로에 실어 운반하기 위해 크기를 4피트 9인치로 정한 것도 한 이유가 되겠지만, 익숙함이 인간에게 주는 안정감과 편안함은 인간의 미래를 항상 과거를 기반으로 하여 설계하도록 만든다. 새로운 미래를 설계하는 'NEW'가 절실하다는 공론은 무성하나, 진짜 새로운 것은 받아들여지지 않는다. 낯설고 불안하기 때문이다. 교육은 말할 것도 없다.

명문대학교 입학은 높은 연봉을 보장하고 멋진 결혼으로 이어져 행복할 수 있다는 공식은 변치 않는다. 그래서 성적에 목숨 거는 〈스카이 캐슬〉이 전 국민의 공감 드라마로 빅히트되기도 했다. 자녀가 행복하기를 바라는 부모의 욕망이야말로 얼마나 근원적이고 순수한가? 교육은 그래서 더욱 새로워지기가 어렵다. 의도가 너무 착하고 순수하기 때문이다.

부담 없는 학습이 주는 효과

나는 지난 30년 동안 라이프스타일을 코드로 전 교과에 걸쳐 강력한 학습 동기를 유발시키는 교육 성과를 얻었다. 라이프스타일 교육이라는 주제와 교육 방법이 학생들에게 친근하고 편안하게 다가간 것이 성공의 요인으로 보인다. 아이들은 라이프스타일 융합 프로젝트 교육을 학습의 연장으로 생각하지 않고 집에서의 일상과 놀이로 인식하며 학습의 부담감을 잊었다.

모든 학생들이 금방 성적이 좋아지거나 모범생이 되지는 않았다.

교육을 받는 학생들의 자세와 태도에 의해서도 교육의 결과는 모두 다르고, 취향과 목표에 따라서도 교육의 성과는 각각 다르게 나타나기 때문이다. 그러나 아이들의 변화는 확실했다. 그들이 세상을 바라보는 시각과 자신을 규정하는 방식이 긍정적으로 달라졌음은 물론 삶의 자세와 태도가 달라졌을 확인할 수 있었다.

학생 개인의 삶을 변화시키는 교육은 그들의 가족과 부모들도 변화시키고, 그것을 행하는 교사의 삶도 변화시킨다. 한마디로 교육 공동체 모두가 삶의 변화를 맞게 되는 것이다. 아이들이 가지는 꿈과 비전의 크기에 따라 삶의 그릇은 달라진다. 더 큰 비전을 가져야 더 큰 꿈을 성취할 수 있다.

세상의 변화를 목표로 함께 더불어 살아가는 큰 비전을 가졌을 때 아이들의 꿈은 각자 다를지라도 서로에게 기여하며 변화해나가는 성숙한 삶을 살아갈 수 있다. 그래서 미래 교육에서 개별 학생들에 대한 새로운 비전 제시는 교사들과 부모들에게는 무엇보다 중요한 과제다. 비전의 크기는 삶의 크기다.

의식주 자체가 교육의 코드다

우리가 살아가는 세상을 변화시키는 데는 개인적인 삶의 성취를 위한 교육도 중요하지만, 더불어 성장하고 변화하는 세상을 만들어가는 것 또한 매우 중요한 일이다.

나는 지난 2005년에 학생과 시민들이 문화와 예술에 대한 수용자적인 태도에서 벗어나 문화를 비평하고 새로운 문화의 생산자로 거듭나는 장을 펼치고자 대전문화예술교육 연구회를 발족시켰다.

이후 〈카메라로 읽고 생각하기〉, 〈음악으로 다시 생각하기〉, 〈행복한 책과 사유, 독서교육 다시 쓰기〉, 〈사진 분야 문화예술교육 신규 개발〉, 〈문화예술교육을 이용한 야영교육〉, 〈문화예술교육을 통한 대안교육 및 인성교육〉 등 다양한 문화예술교육을 융합적으로 연구하고 진행했다. 품격 있는 삶을 통해 스스로 배움을 터득한 사람들의 격조 높은 삶을 알아 가는 여정이었다.

교육도 예술도 한 사회의 시스템 안에서 구현되는 것들이기에 그 시스템이 가지고 있는 한계를 깨고 진보하지 않는다면 일장춘몽이 되고 만다. 그래서 아이들을 교육하는 부모와 교육자들은 단순히 가르치는 자가 아니라 실행하는 자가 되어야 한다.

몸소 겪고 있는 불합리한 시스템을 개선하고 돌파하지 않는다면, 교육은 때가 되면 밥을 먹는 것처럼 단순하고 기계적인 습관이 되고 만다. 정책 입안자들의 사고가 개방적이고 유연할수록 사회는 더욱 진일보한다.

교육정책도 마찬가지다. 니체가 말했듯이 '위험한 삶'을 산다는 것은 없던 것을 창조하고 도전하며 있던 것을 과감히 파괴해나가는, 모험 정신과 창조적 생산 정신을 갖추고 산다는 것을 의미한다.

품격은 곧 예술이 된다

4차 산업혁명은 이미 시작되었고, 5차 산업혁명 기반의 미래 사회에서는 예술과 콘텐츠의 중요성이 더욱 커지게 된다. 예술가처럼 스스로의 삶에서 이야기를 일궈내고 만들어내고 감동을 나눠가는 것 그리고 그 이야기를 노래로 그림으로 연기와 춤으로 풀어낼 수 있도록 이끄는 것 또한 미래 교육의 역할이다. '그리스인 조르바'처럼 다양한 일상의 삶으로 타자와 소통을 시도하며 공감하고 공유하는 과정이 라이프스타일 융합 프로젝트 교육의 핵심이다.

라이프스타일, 즉 그 삶의 양식이 어떠한가는 그 사람의 인성까지도 확인할 수 있게 한다. 자신만의 독특하고 차별화된 삶의 양식을 만들어 살아가는 것, 당당한 자존감으로 세계에 대한 통찰로 기꺼이 웃으며 독립적인 개체로 성장하는 것이 곧 라이프스타일 교육철학의 핵심이다. 두간모옥(斗間茅屋: 발을 뻗으면 벽이 닿는 오종종한 작은 방을 의미)일지라도, 정갈하게 청소된 집안과 소찬일지라도 깔끔하게 차려진 밥상이 주는 품격은 예술 그 자체다. 격식 있게 먹는 것, 입는 것, 자는 것, 이 모든 의식주 자체가 교육의 코드라고 할 수 있다. 나의 일상이 그냥 그대로 교육이 되는 것, 그것이 바로 라이프스타일 융합 프로젝트 교육이고 그 뿌리는 가정이다.

이러한 아이디어를 구현하기 위해 나는 지난 2년 동안 페이스북을 통해 나의 일상을 직접 라이프스타일 교육 텍스트로 올리고 실험하는 일을 해왔다. 그 실험을 여기서 간략히 소개하고자 한다.

on off, 다양한 라이프스타일 융합 교육의 실천

지난 2년 동안 나는 내 일상과 라이프스타일을 교육 텍스트로 하는 융합 프로젝트 교육 실험을 진행했다. 페이스북을 플랫폼으로 하여 교육 포트폴리오를 만들어가는 일종의 라이프스타일 교과서라고 할 수 있었다. 'breakfast of today'와 'style of teacher' 실험에서 나는 요리와 화초 가꾸기, 집안 꾸미기를 통해 일상을 예술처럼 꾸려갈 수 있음을 보여주었고, 아름답게 세팅된 식탁에서 아침밥을 먹으며 삶의 여유를 찬미했다. 또 각각의 삶의 과정을 그때그때 기록하여 글을 얹어 올리며 페이스북과 인스타그램을 온라인 전시 공간으로 만들었다.

교육 실험이었던 나의 일상의 모습들은 과도한 사생활 노출로 읽혀지기도 했고, 또 다른 사람들에겐 매우 흥미로운 라이프스타일로 읽혀지기도 했다. 수업에 들어가면 항상 나의 페이스북이 가장 먼저 화제에 올랐다. 그 덕분에 아이들과 다양한 대화를 나누고 풍부한 삶의 스펙트럼을 공유할 수 있었다. 이 점은 나 자신에게 매우 긍정적인 영향을 미쳤을 뿐만 아니라 아이들의 일상에도 자극을 주는 촉매 역할을 했다.

그러나 백 퍼센트 옳고 그른 것도, 백 퍼센트 맞고 틀린 것도 없는 것이 우리들 삶이다. 그런 점에서 일상은 교육과 닮았다. 가지 않은 길이라 위험해 보이지만 굳이 해보는 것. 삶의 작은 변화와 더불어 살아가는 행복을 위해서라면 감수할 만한 일이다.

교사는 기획자가 되어야 한다

공연 예술을 공부할 때 나는 다양한 전시와 축제, 파티를 기획하는 일을 했다. 금산인삼축제, 상상마당 논산 문화예술학교 컨설팅 및 프로그램 디자인, 전시 기획과 교육 프로그램 기획에 이르기까지 많은 분야에서 기획자 및 아트디렉터로 활동했다.

다양한 라이프스타일을 실험하고 제안하며 더욱 격조 높은 삶을 추구해나가는 것은 내 삶의 철학이기도 하다. 기획자는 더 조직적이어야 하고 더 치밀해야 하며 더 많은 독서와 연구가 우선되어야 좋은 문화예술 기획자로 거듭날 수 있다. 기획자로서의 나의 경험들은 학생들에게 삶의 주체로서 어떤 배움이 필요한지를 더욱 명확하게 나눌 수 있게 했다.

이런 점에서는 교육 프로그램 기획도 마찬가지다. ○○전자기계고등학교에서 생활안전부장 업무를 맡으며 다양한 학생 문제 사례를 접하다 보니 나도 모르게 생활 지도의 달인이 되어 2011년에 학업 중단 학생이 170여 명이었던 것을 2015년엔 50명 정도로 그 수를 크게 줄이는 성과를 거둘 수 있었다.

이 모든 교육적 성과는 라이프스타일 융합 프로젝트 교육이 기반이 되었기에 가능한 일이었다. 교과 교육은 물론 창의 인성 교육, 생활 지도, STEAM, 문화유산 창의체험학교 등 모든 교육에 의식주와 일상을 접목했다. 또한 생활 지도와 교과 지도에서 명상과 글쓰기를 접목하며 교육성과를 얻기도 했다.

미래 교육은 개인 맞춤형 학습 설계가 중요하리라는 말을 많이 듣는다. 디지털 매체의 발달로 개인적으로 공부할 수 있는 온라인 학습 콘텐츠가 많기 때문이다. 그러나 그것보다 더 중요한 것은 '아이가 어떤 라이프스타일로 공동체에 기여하고 협력하며 살아갈 것인가'에 대한 삶의 지향점과 비전을 먼저 스케치하는 것이다.

라이프스타일 융합 프로젝트 교육은 보다 의미 있고 가치 지향적인 꿈과 비전을 스스로 찾아가는 교육이다. 다음 장에서는 다양한 라이프스타일 융합 프로젝트 교육이 삶을 어떻게 바꿀 수 있는지, 자세히 안내하고자 한다.

잠깐상식!

놀이로서의 리빙 스타일

일본의 '마사 스튜어트'라고 불리는 구리하라 하루미(栗原はるみ)의 일상은 책 제목 《매일매일 즐거운 일이 가득》(이은정 옮김, 인디고, 2013)처럼 매일이 즐겁다. 그녀에겐 어머니에게 배운 청소법도 기분 좋은 놀이이고 햇살 좋은 아침 창문 닦기와 매일하는 다림질 또한 즐거운 놀이다. 그것뿐인가? 각종 요리는 물론 티타임과 현관 장식, 해마다 만드는 잼에서 깨 빻기까지 즐겁지 않은 일이 없다.

그런가 하면 일본의 또 다른 라이프스타일 전문가인 이노세 아츠코의 경우도 집에서 행복을 찾는 64가지 방법을 마치 즐거운 놀이처럼 제시하고 있다. 그녀들은 둘 다 고된 가사노동을 자신들을 표현하는 하나의 즐겁고 재미있는 리빙스타일로 만들어냈기에 살림을 하며 라이프스타일리스트가 되는 성장의 과정을 거칠 수 있었다.

사실 집안에서 이루어지는 많은 가사노동들은 인간들의 삶을 영위하는 데 가장 기초가 되는 것들이다. 의식주의 삼요소가 모두 집을 기초로 이루어진다. 하루도 건너 뛸 수 없는 집안일을 일본의 두 라이프스타일리스트들처럼 하나의 놀이와 즐거움으로 받아들인다면 그리고 그 과정을 자녀들과 함께 공유해간다면 더 이상의 미래 교육은 필요 없다고도 할 수 있다.

배움과 창조의 근원, 놀이

제대로 노는 사람들

약간 달달한 기분의 유쾌하고 멋진 밤이다. 차분한 바디감의 수제 맥주에 취한 걸까? 아니면 작은 옥탑 방 낮은 지붕 아래 모인 사람들의 분위기에 취한 걸까? 젊은이들이 가득한 그 좁은 공간이 그토록 속 시원하게 유쾌했던 이유는 놀 줄 아는 젊은이들이 가득했기 때문이다.

바이오테크 전문가 L 박사는 권투와 드럼을 두드리며 수제 맥주를 만들며 놀고 3D프린터 스타트업 대표인 K는 음식 사진 찍기와 푸드 스타일 연출로 논다. 뭐든지 잘 만드는 이른바 '메이커' K는 요즘 아들을 위한 유아용 놀이기구를 만들며 놀고, P는 중고 자동차에 흠뻑 빠져 산다.

의상 디자이너 K는 자기 집 싱크대를 직접 만들며 놀고, 댄서인 S는 인공지능 알렉사와 사랑에 빠졌다. 요리 천재 타투이스트 L과 희귀 동물을 찾아 세계를 돌아다니는 금융전문가 J의 여행 이야기는 시작과 끝도 없이 이어진다.

모인 사람 모두가 자신들의 놀이 이야기에 빠졌다. "하지 않으면서도 이루지 못함이 없다"는 노자의 말대로 그들은 자신들이 좋아하는 일을 가지고 실컷 놀면서 새로운 앎을 얻고, 자신들의 전문 분야에서도 많은 성취를 거두며 산다. 그들에겐 일상생활 속 놀이가 바로 배움이자 창조의 근원이며 라이프스타일이다.

서커스 시르쾨르의 유쾌한 실험

스웨덴의 비영리 교육 재단인 서커스 시쾨르(Cirkus Cirkör)는 "일상으로 돌아가라! 일상적 삶을 예술하라"라는 슬로건 아래 컨템포러리 서커스의 각 요소에 다양한 교육 목표와 철학적 가치를 덧붙여 대안 교육 프로그램을 만들었다. 이들은 일반적인 교육에서는 상상하지도 못할 교육적 가치들을 서커스를 통한 문화예술교육으로 만들어서 신나게 노는 일과 배우는 일을 같이 실행한다. 상업적인 성공보다는 서커스가 하나의 예술임을 심어주는 데 더 큰 주안점을 두는 이들의 교육 목표는 뚜렷하다.

- 광대는 실패의 교훈을 보여준다.
- 아크로바틱(곡예)은 모든 것은 가능하다는 긍정적 사고방식을 심어준다.
- 페어 아크로바틱(쌍으로 행하는 곡예)은 협력에 대한 교훈을 준다.
- 외줄타기는 균형 있게 살아가야 한다는 것을 보여준다.
- 공중 아크로바틱(공중 곡예)은 서로 믿어야 한다는 신뢰를 보여준다.
- 저글링은 지금 이 순간에 충실하라는 교훈을 준다.

— 곽덕주 외 2인, 《유럽에서 만난 예술교육》(이안재, 2015)

광대에게서 실패의 교훈을 배운다는 것은 자신만이 아니라 상대에게도 관용을 베푸는 아량과 성찰을 배우라는 의미다. 미션에 성공하지 못해 슬픈 표정으로 얼굴에 눈물을 달고 선 광대. 그러면서도 엉덩이를 툭툭 털고 재도전하는 모습을 보며 사람들은 뜨거운 박수로 응원하고 다시 또 실패해도 또다시 웃으며 괜찮다는 더 큰 박수를 보낸다.

수십억 명의 지구촌 사람들이 쌓아올린 지식의 바벨탑 위에 우뚝 설 수 있는 사람이 몇 명이나 될까? 그리고 도대체 어떤 지식이 확정된 정답이라고 말할 수 있나?

결국 미래 사회에서 사람들이 행복하고 평화롭게 살아갈 수 있는 중요한 키워드는 자신에 대한 성찰과 타인에 대한 관용 속에 조화와 자유를 추구하는 것이다. 서커스 시쾨르의 핵심 가치는 첫째 공동체적 개인주의, 둘째 거만한 열정, 셋째가 수준 있는 광기로 어린이를 위한 짧은 쇼일지라도 최고의 질과 수준을 보여준다는 철학이다.

컨템포러리 서커스의 과정을 프로젝트 교육 프로그램으로 만들어낸 것도 놀라운 일인데, 평생교육과정까지 대상자의 범위를 확장시켜 '서커스를 통한 세계 변화'라는 교육 비전을 실행하고 있는 모습이 참 대단하다.

아이들이 자신의 라이프스타일에 맞춰 다양한 삶의 기술을 자발적으로 경험해가는 교육은 상상만으로도 아름답다. 그러나 조화와 균형은 필수적이다. 자유롭게 서커스로 놀면서 교육을 대체할 수 있는 배움의 일상이란 얼마나 매력적인가? 즐거워야 빠져든다. 그리고 재미있어야 몰입한다. 이것이 교육의 핵심이다. 본래 주의력결핍과잉행동장애(ADHD)는 없는 것이 아닐까? 재미없는 수업과 자유를 억압하는 감시와 통제가 가득한 교실과 가정이 있을 뿐이다.

"새우 껍질을 까주세요"

중국 온라인 쇼핑몰 알리바바가 운영하는 유통 신선매장 '허마셴성(盒馬鮮生)'은 2019년 5월 "새우 껍질 발라내는 사람"을 구한다는 광고를 냈다. 새우 껍질 까기가 귀찮아 매장을 찾지 않는 손님이 늘어나자, 업체가 대신 껍질을 까줄 직원을 모집한 것이다.

이는 돈으로 다른 사람들의 노동력을 사고 자신들의 시간은 아껴서 여가 시간을 보내고자 하는 일명 '란런(懶人: 게으름뱅이)'을 대상으로 한 판매 전략이었다. '란런'은 단순한 게으름뱅이의 의미가 아니라 주로 배달 음식으로 끼니를 해결하고 스마트폰 애플리케이션을 활용하는 데 아주 익숙한 20~30대 젊은 직장인을 가리킨다. 알리바바는 이 전략으로 신종 일자리를 창출하며 신선 매장의 매출을 올리는 데 성공했다고 한다.

중국의 '란런'들은 삶의 가치를 경제적인 축적보다는 즐거움에 투자하고자 하는 새로운 라이프스타일의 출현을 말해준다. 아이들의 삶도 다르지 않다. 게임과 같은 놀이가 점점 삶의 중심으로 옮겨가는 것이다.

2005년 가을, 사진작가 스콧 슈만(Scott Schuman)은 뉴욕 거리로 나가 사람들을 카메라 렌즈에 담기 시작했다. 스트리트패션이라는 새로운 영역의 문화가 역사에 등장하는 순간이었다.

스콧 슈만의 카메라 놀이가 영감과 창조에 빛나는 생산적 놀이로 둔갑할 수 있었던 것은 '사토리얼리스트(https://www.thesartorialist.com)'라는 블로그 활동 덕분이다. 이제 세계의 '패피(패션 피플)'들은 서로 앞 다투어 스콧 슈만의 렌즈에 잡히길 원한다. 그의 즐거운 카메라 놀이가 곧 예술이 되었음은 물론이고 현대인들의 패션 아카이브의 역할과 더불어 그의 생업이 된 것이다.

창의성의 밑거름이 되는 멍 때리기의 예술

사실 예술과 교육과 일상은 모두 즐거운 놀이다. 20세기까지는 예술가와 일반인의 구분이 있었다면 21세기는 모든 사람이 예술가로, 문화 소비자에서 문화 생산자로 쉽게 변형될 수 있다. 이 일은 모두 디지털 혁명 덕분에 가능해졌다. 물론 인간만이 예술을 하는 것이 아니라 이미 인공지능이나 3D프린터 기술도 예술가의 반열에 들어섰고 혁신적인 미래 사회에서는 창조성과 생산성이 무엇보다 중요한 핵심가치로 부상했음은 부인할 수 없다. 창의성은 대개 인간의 지능을 뛰어넘는 영적 영역이 활성화되어 영감을 만들어낼 때 발현된다.

창의성을 발휘하고 창조적인 생산자가 되기 위해서는 즐겁게 잘 놀고 잘 쉬어야 한다. 멍 때리기의 마술 또한 창조적 라이프스타일 교육을 위해 중요한 덕목 중 하나다. 아이들에게 놀 권리와 아무것도 하지 않을 권리를 인정해줘야 한다. 부모들은 그들 방식대로 놀 수 있는 자율권을 주고 그들 스스로 선택하고 책임지는 주인의식을 가진 삶의 태도를 나눠줘야 한다.

창조적 라이프스타일 교육은 문학과 예술은 물론 일상생활 속에서도 진행할 수 있다. 일상생활 속에서 리빙 스타일과 라이프스타일을 변화시키는 과정을 통해 새로운 가치를 만들고 창조하며 즐기는 문화적 생산 놀이는 라이프스타일 교육의 대표적인 프로그램이다.

모든 것이 놀이이며 배움이자 즐거움이 되는 세상

예술의 비평적 관점들 또한 중요한 핵심 가치가 되어야 한다. 사실 놀이가 학습이 될 수 있는 것도 관점의 문제다. 이미 디지털 알고리즘은 우리를 지켜보고 있다. 사람들의 일상은 하루 종일 거의 모든 곳에서 카메라와 데이터로 기록되고 빅데이터에 의해 분석된다.

유발 하라리의 말처럼, 알고리즘이 사람보다 사람들의 내부에서 일어나는 생각이나 아이디어를 더 잘 이해하면 자연히 삶의 주권은 알고리즘으로 넘어가게 되어 있다. 그야말로 기계가 인간을 통제하는 상황이 펼쳐지고 인간의 자유는 끊임없이 통제당하게 되는 것이다. 이미 이런 현상은 미디어 권력을 통해 익히 알려진 바이고, 그래서 미디어 리터러시 교육도 바로 이것에 대한 비판적 사고 능력 함양에 중점을 두고 진행되어왔다.

인간이 주권을 잃지 않는 지구의 미래를 위해서라면 적어도 인간이 직면한 현실이 진실인지 거짓인지 의심하고 질문을 던짐으로서 깨어 있어야 한다. 그러나 막상 현실은 어떠한가?

알고리즘은 이미 사람들 각자를 속속들이 알고 분석해 컴퓨터를 켜자마자 각자가 흥미를 느낄 만한 상품 광고를 화면에 띄우지만, 우리는 대체로 알아채지 못한다. 그저 인터넷 포털사이트가 대중 매체라는 이유만으로 이들이 띄우는 정보를 마치 객관적인 사실인 양 받아들인다. 유튜브가 이미 재미와 흥미라는 강력한 동기부여로 소비자에게 매력적인 학습의 장이 되었음에도 교육계는 여전히 판서 중심의 수업과 대학 입시에 몰입하하며 교육 콘텐츠의 진정성과 교육적 가치에 대해 묻지 않는다.

많은 전문가들에 의해 미래 교육의 대안으로 제시되곤 하는 문제해결 능력과 비판적 사고력은 미래가 아닌 지금 이 순간을 사는 우리들에게 너무나 필요한 덕목이다. 아무리 창의적인 상상력으로 예술적인 생활을 만들어내고 그것으로 놀며 배움을 얻는다고 해도 그것이 진짜 예술적인 것인지, 아니면 거대 상업자본에서 만들어내는 마케팅 전략인지를 구분할 수 있어야 한다.

자신이 스스로를 알고 자기 자신으로서 깨어 있거나 또는 인간으로서의 존엄성과 정체성을 유지하기 위해서도, 우리는 예술과 창조적 사고를 통해 통찰력을 키워야 하고 문제해결 능력 및 비판적 사유를 꾸준히 훈련해야 한다. 그 또한 '놀기'라고 할 수 있고 우리 아이들의 중요한 교육과정이다.

버려야 세상을 얻을 수 있다

진짜와 가짜를 선별할 수 있는 능력은 명상은 물론 인간 영성의 극점이라 할 수 있는 예술성과 창조성을 기르는 과정에서 극대화될 수 있다.

교육 혁명이란 미래 사회 전체의 음과 양을 모두 아우르며 변화하면서도, 인간 고유의 본성과 존엄을 지켜내는 통찰을 말하는 것인지도 모른다. 학문은 보태고 도는 덜어내라는 노자의 가르침대로, 아무것도 하지않고 멍 때리는 무위(無爲)를 해야 삶과 세상을 얻을 수 있다는 사실을 잊지 말자! 너무 열심히 공부하지 말고 배움과 깨침의 즐거움을 깨닫도록, 새로운 가치인 우리의 라이프스타일로 우리 아이를 교육해보자.

놀자! 집에서, 학교에서, 직장에서, 자신이 좋아하는 일들을 하며 혼자서, 또는 친구나 동호회에 참가해서 놀자! 원데이 클래스가 열리는 카페 학교에서 놀자! 놀이터가 배움터가 되는 라이프스타일 학교에서 놀자! 일상 모든 것이 놀이이고 배움이고 즐거움이라는 사실에 눈을 뜨고 우리 아이도 함께 행복의 길로 안내하자.

지금 당장 아이와 마늘 까기 놀이와 삶은 메추리알 까기 놀이부터 시작해보라! 대화하는 즐거움과 칭찬하고 격려하는 즐거움! 인내하고 기다린 뒤 오는 성취의 즐거움은 곧 여러분의 가정에 깐 마늘 숫자만큼 감사와 사랑으로 돌아올 것이다.

취향을 소비하는
밀레니얼 세대의 교육법

스마트폰으로 큰 아이들

중고등학교 학생들의 하루 일과 중 가장 흥미로운 시간은 급식 메뉴를 확인하는 순간이다. 그러나 선택 불가 메뉴다. 스마트폰으로 키워진 밀레니얼 세대 학생들에게 모두가 똑같이 먹는 식사와 공부는 그 출발점부터가 생태계의 생리에 맞지 않는다. 스마트폰과 디지털 사회의 특성은 개별화이며 선택형이기 때문이다.

밀레니얼 세대인 포노 사피엔스들은 옷을 하나 사더라도 디자인과 색상, 가격, 모든 것을 스스로 판단해서 선택하고 주문한다. 만약 주문한 옷이 마음에 들지 않을 경우엔 반품하거나 중고 장터에서 직접 되팔기도 하는 자발성과 능동성도 매우 뛰어나다.

학습보다는 상품 구매에 더 많은 동기부여를 받음은 물론이고 훨씬 더 자발적이고 독립적이다.

만약 이 아이들에게 인터넷으로 옷을 살 때처럼 자신이 선택한 교과 수업을 듣게 하고 자신이 선택한 음식을 먹게 한다면 어떨까? 그것도 자신의 취향과 욕망에 기반한 최적화된 선택을 할 수 있게 한다면?

학생이 곧 고객이다

아마존의 CEO 제프 베조스(Jeffrey Preston Bezos)의 기업 경영 원칙은 한결같이 '고객 중심'이다. 더 싸고 더 빠른 배송으로 고객들이 아마존 닷컴 이외의 다른 쇼핑몰은 상상하지도 못하게 만든다. 상품자본의 독점이라는 그림이 읽히기도 하나, 기업 중심이 아닌 고객인 소비자의 입장에서 판매 전략을 짰다는 점이 혁신적이다.

그 전까지 기업들은 기업 위주로 사고하고 판매했다. 소비자가 소고기 다시다를 좋아하는지 미원을 좋아하는지 묻지도 따지지도 않고 자신들이 생산할 수 있는 제품을 생산해서 시장에 팔았다.

이제 시대가 바뀌었다. 기업이 중심이 아니라 상품을 선택하는 소비자 권력 시대다. 새로운 사회로 접어든 만큼 교육도 고객인 학생의 입장에서 혁신 전략을 세워야 하지 않을까? 소비자 중심의 소비사회 특성을 반영하여 학습자 욕구 중심의 교육과정으로 혁신하는 일을 시작할 때다. 현재 국가 단위에서 만들어지는 교육정책과 과정을 과감하게 해체하고 학생 개인의 역량에 맞추어 개별화된 학습 기회를 제공하는 맞춤 학습(Adaptive Learning)을 강화하고 학습자는 학습자 스스로 디지털 매체 및 플랫폼에서 자기 주도적으로 학습을 해나가는, 아래로부터의 교육 혁신과 교육 네트워크 구성으로 교육 혁명을 시작하는 것이다.

일상에서 배움을 얻는 라이프스타일 교육을 큰 프레임으로 하여 아이들 학령 수준에서 꼭 배워야 할 필수과목과 선택과목을 나누어 필수과목은 학교에서, 선택과목은 에듀테크 플랫폼에서 교육한다. 그리고 교사와 학부모, 학생들이 함께하는 각각의 네트워크를 통해 온라인과 오프라인 체험수업으로 서로 배움을 주고받는 교육은 얼마나 근사하고 재미난 일일까? 생각만으로도 가슴이 뛴다. 이제는 다양한 동아리와 문화살롱, 취미교실도 교육의 장이 되는 시대가 왔다.

스마트 세상이 가져온 무료 학습 혁명 시대

국영수사과로 대표되던 교과 교육과정은 이제 독립적으로는 의미가 없는 사회가 되었다. 지식을 평가하던 기존의 평가제도와 시스템 또한 과정 중심 평가로 방향을 선회하기 시작했고, 미국처럼 블록체인 기술을 도입한 에듀블록(데이터와 교육 정보를 안전하게 통합 관리하는 블록체인 기반 플랫폼)이 더 투명하고 공정한 포트폴리오로 학생 평가의 기준이 될 것이다.

현직 교사들부터 미래 교육에 대한 인식을 선회해야 한다. 미래는 앞으로 100년이 아닌, 바로 내일부터 시작이다. 스마트폰은 하나의 혁명이었고, 유튜브나 구글 같은 서비스 플랫폼들은 유아 교육에서 성인 교육까지, 심지어 연애의 기술까지 구독만 누르면 무료로 강의를 제공한다.

글쓰기, 여행 작가 되기, 푸드 스타일리스트 되기, 여행 전문가 과정, 에디터 전문가 과정, 음악 감상 동호회, 사진 촬영 등등 문화 살롱이나 개인 레슨, 동아리 취미 반들도 오프라인에서 만나 다양한 교육을 진행한다.

이젠 학습자가 구독을 누르거나 개별 장바구니에 학습 내용을 담아 듣기만 하면 된다. 읽고 쓰고 셈하기와 같은 기초 학습을 익히는 것이 걱정이라면 문제없다. '예쁜 옷을 가장 싸게 살 수 있는 방법'에 대한 프로젝트 체험학습을 단 한 번 실시하는 것으로도 읽고 쓰고 셈하게 된다. 영어를 몰라도 해외여행 가서 돈만 있으면 명품 쇼핑을 잔뜩 해올 수 있는 이치다.

과학기술의 발전을 위한 기초교육은 더욱 중요하다. 디지털 사회는 이미 미래 사회가 아니라 현재 시점이다. 그러므로 코딩과 같은 소프트웨어 교육은 필수 교과목으로 더 많은 시간을 확보해서 디지털 언어로 읽고 쓸 줄 아는 디지털 지성인들을 배출해내야 한다.

스티브 잡스(Steve Jobs)는 코딩의 중요성으로 사고력을 키워주기 때문이라는 점을 꼽았다. 그의 말처럼 코딩의 핵심이 그 안의 알고리즘, 논리적 사고, 창의력 등을 통한 사고력 향상에 있다면 학생들이 그런 개념들을 편하게 습득할 수 있도록 만들어야 한다. 우리나라도 2015년 개정 교육과정에 따라 디지털 전환 미래 사회에 대비하고 국가 경쟁력을 재고한다는 목표 아래 코딩이 필수과목으로 지정되어 실시되고 있지만 역부족이다.

모든 아이가 프로그래머가 되는 것은 아니지만, 모든 아이들에게 코딩은 필요하다. 코딩을 통해 자연스럽게 논리적 사고와 알고리즘을 습득한다면, 소프트웨어 엔지니어나 프로그래머가 되지 않더라도 아이들은 미래 사회가 요구하는 융합적인 인재로 성장하는 데에 유용한 인문학적인 학습 도구로 코딩을 얼마든지 활용할 수 있을 것이다.

코딩이 인문학 교육의 도구가 된다면, 아마도 AI에 대한 부정적인 전망은 조금 늦추어도 될지 모른다. 우리 삶에도 가치 있고 의미 있는 큰 비전과 꿈과 목표가 있듯이 코딩과 프로그래밍 또한 인류를 위한 가치와 의미가 동반되는 교육이 우선된다면, 과학기술의 미래는 밝다. 인류의 미래는 밝다.

교실 없는 학교, 교육 플랫폼의 확산

소프트웨어 교육에서 교실이 꼭 필요할까? 교육(Education)과 기술(Technology)이 결합된 신조어 에듀테크(Edu-Tech)는 오프라인 교실을 온라인으로 옮기는 디지털 트랜스포메이션을 통해 교육을 혁신한다. '칸 아카데미', '미네르바 스쿨', '에콜 42'와 같은 미래 교육의 혁신적인 모델들이 대표적이다.

에듀테크는 마치 선생님이 학생을 직접 눈앞에 두고 하는 것처럼, 학습 경험과 교육 경험에 손상이 없는 가상의 교실을 만들어낸다. 교육의 평준화와 평등화에 기여하며, 누구든 자신이 열심히 능력껏 공부하면 성공한다는 새로운 신화를 가능케 하고, 이미 그 가능성을 성공한 졸업생의 배출로 확인시켜 교육성과를 증명했다. 말 그대로 4차 산업혁명 시대 교육에 큰 영향력을 미친 교육 혁신의 주인공이다. 입시 위주의 한국 교육 현실을 감안할 때 이런 방식이 우리 교육계를 얼마나 바꾸어놓을 수 있을지 의문이지만, 그래도 세계 곳곳에서 나타나는 교육 혁신의 움직임과 흐름을 놓쳐서는 안 될 것이다.

칸 아카데미는 이 부분에서 가장 앞서 있는 교육기관 중 하나다. 칸 아카데미의 콘텐츠는 이해하기 쉽고 간결하여 심플하게 교육 혁신의 첫걸음을 시작했다.

유다시티는 프로그래밍은 물론 머신러닝과 딥러닝과 같은 최신 기술 분야의 폭발적인 수요도 적극적으로 포용하고 있다. 세계 어느 곳에서라도 교육 후 코드를 제출하면 리뷰어라고 부르는 온라인 교사들

| 세계적인 교육 플랫폼 |

플랫폼명	사이트 주소	내용
칸 아카데미 (Khan Academy)	www.khanacademy.org	초중고 강의
코세라(COURSERA)	www.coursera.org	대학 강의 위주
에덱스(edX)	www.edx.org	학사, 석사 학위 취득 가능
이코노미스트 1843	www.1843magazine.com	무료로 모든 기사 구독 가능
유다시티	www.udacity.com	인공지능 입문 강의

이 소액의 강의비로 코드를 리뷰해서 피드백을 준다. 공간이 한정되어 있는 오프라인에서는 불가능한 구조다.

이 외에 아이버시티, 오픈업에드, 린다닷컴, 플랫지, 코드카데미, 데이터퀘스트, 코드스쿨 등이 있고 구글과 페이스북, 마이크로소프트사가 교육 플랫폼을 운영하며 기술을 공유한다.

MOOC(Massive Open Online Course: 온라인 공개 수업)는 수준 높은 강의를 무료로 볼 수 있지만 지속적인 교육 서비스를 확보하기 위해서는 스마트 교육을 위한 표준 플랫폼을 구축하는 것도 중요하다.

현재 교육 플랫폼의 문제로는 교육에 강제성이 없기에 신청자 수에 비해 수료자가 극히 드물다는 단점을 들기도 한다. 그러나 그럼에도 불구하고 교육 플랫폼은 미래 사회의 변화에 대비한 교육 혁명이라고 할 수 있고, 다양한 라이프스타일을 교육 콘텐츠로 만들어 공유할 수도 있는 미래형 학습의 장이라고 할 수 있다.

기존의 상식을 버리자

미국은 물론 국가 디지털화 사업에 앞장섰던 인도, 중국과 유럽연합 등은 디지털 중심의 미래 사회를 미리 예견하고 미래 사회 라이프스타일에 맞춘 인공지능 및 에듀테크 중심 교육과정을 빠르게 진행하고 있다. 반면 우리나라는 스마트폰의 중독성이라는 부정적인 인식에만 집중하여 학습 도구로의 사용을 가정과 학교 모두에서 막고 있다.

진짜 미래 사회의 혁신을 원한다면 기존의 상식을 버려야 한다. 세계적인 소프트웨어 개발자들인 스티브 잡스나 빌 게이츠(Bill Gstes), 마크 주커버그(Mark Zuckerberg) 등은 이미 고등학교 때부터 컴퓨터 마니아였고, 20대 초에 독자적인 컴퓨터 프로그래밍으로 재벌의 반열에 올라선 사람들이다.

《게이미피케이션》(김지원 외 옮김, 한빛미디어, 2012)의 공저자 게이브 지커맨(Gabe Zichermann)에 의하면, WHO의 게임중독 질병 발표와 달리 컴퓨터 게임의 교육 효과도 새롭게 과학적으로 밝혀지고 있다. 교과서 수업보다 게임을 이용한 수업의 교육 효과가 훨씬 좋았다는 것이다. 지커맨은 그 이유로 게임은 유동 지능을 높이고 멀티태스킹을 하기 때문이라고 밝혔다.

지커맨은 표준 교육과정을 바꾸어 큰 성과를 거둔 아난트 파이의 교육 방식을 한 예로 소개하고 있다. 늦은 나이에 교육학자가 된 아난트 파이는 자기 반 아이들에게 닌텐도와 DS 게임을 기반으로 수학과 언어 수업을 진행하여 큰 교육성과를 얻었다. 배움이란 즐거워야 하고 또 함께할 때 큰 성과를 나타낸다는 사실을 실제 사례로 확인한 것이다.

에듀테크 벤처 투자가 10년 동안 급증하며 2018년 연 10억 달러 수준에 이르렀다는 사실은 교육 혁신이 국가기관이 아닌 개인 기업 활동에 의해 아래서부터 흔들릴 수 있음을 말해준다.

유튜브 등에서 무료로 교육 콘텐츠를 제공한 기획자들은 더 많은 구독자를 얻어 광고 수입을 올리기 위해 더 양질의 교육 콘텐츠를 제작하는 등 온라인 사교육의 질은 점점 더 올라가고 있다. 같은 값을 낸다면, 양질의 콘텐츠와 일반적인 콘텐츠 중 누구의 것을 듣겠는가? 역사 수업은 설민석인가? 김은형인가? 답은 이미 정해져 있다.

열린 사고가 필요하다

어쨌든 이제 교육은 단순히 국가 단위 정책이나 우리나라의 교육 혁신에만 집중할 문제는 아니라는 점은 분명하다. 이미 교육은 세계 인류가 당면한 공통의 진화 문제이며 인류 존속의 문제다. 핵문제도, 환경과 식량문제도, 인공지능 안전문제도 교육이 아니면 풀어나갈 해법이 없다. 인류의 원대한 비전인 인간의 행복도 더욱 열린 사고로 관점과 생각을 바꾸는 교육과 훈련이 없다면 불가능하다.

행복한 아이들의 웃음 속에 성장하는 녹색 지구는 지속 가능한 미래를 담보할 수 있다. 이 또한 수준 높은 인문학 교육으로 아이들의 생각과 사고의 전환을 통해서 가능하다. 사람은 자기 자신을 믿고 아껴 나갈 때 자신이 사는 곳, 자신이 먹는 것, 자신이 입는 것, 관계하는 사람들까지도 모두 살피고 아껴 나간다. 그리고 자신이 관계된 모든 연결 고리들과 그 연결점들을 아끼고 사랑하게 된다. 초연결 시대 인간 삶의 토대가 되는 의식주가 모두 정갈하고 지속 가능한 것일 때 비로소 지구 위에 선 인간인 사피엔스는 좀 더 먼 미래를 꿈꿀 수 있다.

라이프스타일 교육이라는 큰 그림 안에서 디지털 시대 라이프스타일의 변화에 대비한 교육이 혁신될 때 비로소 교육은 제 기능을 찾게 될 것이다. 이제 교육은 한 나라의 정책이 결정하는 것이 아닌, 유튜버나 블로거 같은 온라인상의 개미들이 혁신시켜 나가는 세상임을 다시 한 번 상기해야 한다. 온라인 개미인 소비자가 자본시장의 권력으로 대두되었다면 온라인 개미인 바로 우리가 우리 자녀의 교육 권력도 갖고 있다는 것을 잊지 말자.

삶의 기초 기술인 라이프스타일 교육과 에듀테크를 통합한 장기적 프로젝트 교육이야말로 미래 교육의 초석이다. 바로 이런 혁신의 열쇠를 부모들이 쥐고 있다. 아이들이 미래 사회의 주역으로 성장해서 행복하기를 원한다면, 디지털 문맹인인 부모들이 디지털 원주민인 아이들로부터 배워야 하고 그들이 원하고 그리는 미래와 세상에 대해 귀를 열고 들어야 한다. 이제 배움이 필요한 것은 바로 부모 자신이다. 아이들에게 배우는 자로서의 자세를 낮추고 지나친 자기 확신과 고집, 과거에 기반한 사고를 비워내자.

새로운 세대들의 상상력에 귀를 기울이자

100세 시대, 디지털 전환 시대의 평생교육 시스템의 변환을 이야기하기 전에 먼저 눈과 귀와 마음부터 열고 겸손한 자세로 새로운 스승인 밀레니얼 세대들의 새로운 상상력에 귀를 기울이자. 시대가 변했고, 사회를 이끄는 리더 계층이 변했다. 세계인들의 혁혁한 라이프스타일 변화는 곧 당도할 우리의 미래다. 이제 어른들이 그들의 라이프스타일로부터 배울 차례다.

방탄 소년단(BTS)은 이미 세계 팬들을 이끄는 스승이다. 그들의 생각과 언어와 행동 방식이 세계 팬들의 라이프스타일에 막대한 영향을 미친다. 생각은 행동을 낳고 행동은 습관을 낳고 습관은 인생을 만든다. 거대 기업과 국가가 소비자와 국민을 움직이던 시대는 지났다. 사람들은 더 참신한 아이디어와 상상력을 원한다. 스타일 좋은 한 사람이 사회의 이슈를 만들고 트렌드를 만들어내며 세상을 변화시키는 시대다. 이제 기업과 국가를 일개인의 라이프스타일이 변혁시키는 시대가 온 것이다.

멋진 개인의 이미지와 개인 미디어는 하나의 권력이다. 개별성, 이것이 바로 가상현실인 온라인으로 현실을 살게 될 미래 사회 라이프스타일의 단면이고, 미래 교육의 발전 방향이다. 학교와 교과서의 시대는 지났다. 온라인 속 개인이 텍스트다. 그것이 진실이든 거짓이든 각 개인이 생산한 개인의 라이프스타일이 텍스트다. 역사의 본질도 스토리텔링이다. 각자가 찍은 사진과 영상물이 21세기의 교과서이고 각자가 사는 집과 삶의 공간이 바로 우리 아이들의 학교다.

• 2장 •

라이프스타일 교육으로 아이의 삶을 바꿔라

평범한 일상이 교육이 될 수 있을까

모든 교육은 집에서 시작된다

고대로부터 최초의 교사는 가정의 부모였다. 아이들은 태어나서 최초로 부모와 눈을 마주치고 말을 하며 부모의 행동을 관찰하고 배운다. 가정에서는 부모가 학교에서는 교사가 교육자가 되는 셈이다. 우리가 살아가는 사회와 세계의 모든 것이 우리를 배움으로 이끈다고 생각한다면, 아이들이 직면하고 있는 일상의 사회와 세계 자체가 교과서이고 스승이라 할 수 있다. 일상을 둘러싼 라이프스타일을 통한 배움이 다시 한 번 미래 교육의 핵심 키워드가 되는 순간이다.

부모는 아이의 미래를 선도하는 사랑스런 라이프스타일 에듀케이터다. 그렇다면 내일 당장 아이들을 위해 무엇을 교육할 수 있을까? 무엇부터 해나가야 할까? 아이들에게 사람다운 성품과 우아한 취향을 길러주는 교육은 결국 품격 있는 삶을 지향하게 만들고 품격 있는 자신만의 라이프스타일 생산자가 될 수 있도록 돕는다. 이는 획일화된 지식과 답을 요구하는 평균화된 삶에 대한 대안이 될 수 있다.

21세기의 주역이 될 우리 아이들은 빅데이터와 인공지능이 지식기반 산업에 투입되어 사람의 일자리를 대신하고 고지능의 로봇이 인간의 주체성과 인권을 위협할 수도 있는 예측 불허의 시대를 살아가야 한다. 바로 이러한 시대의 대안은 인간의 고유성을 회복하고 더불어 살아가는 방법을 일상의 삶을 통해 배우는 것이다.

미래 라이프스타일 교육의 방향은 두 가지다. '변하지 않는 것'과 '변하는 것'을 라이프스타일 교육으로 학습시키는 것이다. 미래 사회는 '인공지능이 무엇을 할 수 있다. 할 것이다'가 중요한 것이 아니라 '인간은 무엇을 할 수 있고, 무엇을 할 것이다'에 집중하는 것이다. 먼저 시대가 변해도 '변하지 않는 가치'들은 전통 사회의 교육에서부터 중요시해오던 가치들로 '품격 있는 삶', '훌륭한 삶', '너 자신을 알라'와 같이 인류가 생존해 있는 이상 변치 않을 인문학적 가치들이다.

조선부터 독일까지 라이프스타일 교육의 특징

조선시대 어린아이를 교육하는 데 쓰인 동몽(童蒙) 교재로 알아본 조선의 전통 교육은 효와 충을 기반 철학으로 한 유교적 라이프스타일과 성장 발달 단계에 맞춘 맞춤형 인성 교육이었다.

조선은 문중을 중요시하는 대가족 중심의 사회였기에 각 문중만의 독특한 라이프스타일 교육이 이루어졌다. 《한국민족문화대백과》의 기록을 살펴보면, 조선은 집안마다 가훈을 준수하도록 했는데, 기존 질서의 준수를 위한 것, 자녀 교육에 대한 것, 몸가짐과 마음가짐, 건강관리·대인관계·재산 관리·관혼상제, 관직에 임하는 자세 등을 광범위하게 교육시켰음을 살필 수 있다(김미라, 《조선의 밥상머리 교육》, 보아스, 2018).

동아시아 문화권의 발생지인 중국의 전통 교육도 《명심보감》, 《소학》, 《삼자경》 등이 대표적인데, 사람으로서 알아야 할 윤리와 도덕, 경전, 역사, 한문 등의 내용이 담겨 있다. 조선이나 일본도 중국의 유교, 불교, 한자 등에 영향을 받은 동아시아 문화권으로 교육에 유사성이 많다(앞의 책).

핀란드·스웨덴·덴마크 등 북유럽 스칸디나비아반도의 아이들은 7세 이전까지 문자 교육을 시키지 않고, 산책과 캠핑과 밖에서 뛰어 노는 단순한 일상을 반복하며 삶의 스타일을 익힌다. 어릴 때 마음껏 놀아야 오감이 발달하고 청소년기에 학습력이 발휘된다는 전통적인 교육 사상이 뿌리에 있는 까닭이다.

자연에서 사물을 관찰하면서 집중력을 키우고 부모는 아이와 많은 시간을 함께 보내며 아이를 존중하고 공감대를 형성해주며 사회성과 독자적인 삶의 양식을 가르친다. 어린이도 성인과 같은 동등한 인격체로 사회적 규범을 존중해나가도록 가정에서부터 교육한다(류재근, '류재근 박사의 네이버 블로그', 각 나라별 가정교육 참조).

프랑스는 전통적으로 아이가 어릴 때부터 하나의 인격체로 존중한다. 또한 토론에서 매너를 철저히 지키며 자기주장을 또렷하게 말하도록 교육한다. 가정의 일상생활에서는 예의범절을 중요시 여겨 레스토랑이나 공공장소에서도 아이를 훈육하는 모습을 자주 볼 수 있다.

예술의 나라답게 예술교육도 중요시하여 '잘 그리기'보다는 아름다움을 보는 안목과 미적 상상력을 계발하여 창조적 개인을 육성하는 데 주력한다. 그뿐 아니라 글쓰기, 표현력과 판단력을 향상시키는 인문학 교육을 바탕으로 전인적인 라이프스타일을 가진 인격체로 성장하는 데 기반이 되도록 한다(앞의 블로그).

미국인은 언어 교육이 창의성과 인지 발달의 핵심 수단이라고 생각하여 가정에서도 자신의 생각을 표현할 기회를 많이 주기 위해 개방형 질문을 많이 한다. 따라서 아이들은 자신의 감정을 숨기는 일이 별로 없고 어른을 어려워하지 않는다.

또 예의범절은 엄하게 가르치되, 하루에 한 번 이상 칭찬하고 다양한 규칙을 마련하고 그에 대한 상벌을 정해두어 적절한 보상과 처벌이 이뤄질 수 있도록 한다(앞의 블로그).

독일의 교육은 자주적이고 독립적인 인격체를 키워내는 것을 목표로 한다. 독일에서는 아이가 할 수 있는 일은 대신 해주지 않는다. 스스로 청소와 정리하는 습관을 키워주고 분리수거와 검약함을 가르치며 엄격한 경제 교육을 한다.

독일도 다른 서양 나라들과 마찬가지로 유아기에 지식 교육보다는 체험 교육에 집중하여 아이 각자가 좋아하는 장소에서 하고 싶은 놀이에 열중하게 한다. 아이는 흥미 있는 분야에 집중하면서 자주성을 기르고 자기 일을 스스로 하게 된다(앞의 블로그).

품격 있는 라이프스타일의 생산자로 키우기 위한 핵심 키워드

사람은 자기 자신에 대해 알게 됨으로써 본인 삶의 주인이 될 수 있을 뿐만 아니라 타자도 지배할 수 있다. 구석기인들이 뗀석기를 만들고 수렵, 채집, 어로 생활을 시작한 이래 인간은 일상의 삶 속에서 배우고 가르치는 일을 계속하고 있다. 동양과 서양의 교육철학이 지닌 공통점은 모두 인간 자체의 본성을 중시하고 자연 속에서의 교감을 유아기의 가장 중요한 교육적 일상으로 본다는 점이다.

몸가짐, 마음가짐을 중시하며 삶의 태도와 자세를 강조했던 동양의 전통 교육들은 공자, 맹자, 노자, 장자 등 동양 철학에서부터 시작되었고, 사회적으로 길들여지기 전 무엇보다 자기 본성의 소리를 먼저 들어야 한다는 철학을 기반으로 서양인들의 일상적 삶의 양식도 시대적 특성과 함께 변화를 거듭했다.

"꽃으로도 아이를 때리지 말라"고 주장한 세계 최초의 교육 선교자 프란시스코 페레(Francisco Ferrer)의 '자유학교'도 개인의 자유를 지향하는 교육 목표가 뚜렷했고, 이탈리아의 교육자 마리아 몬테소리(Maria Montessori)는 아이들을 움직이는 질서는 내면의 지시에 귀를 기울일 수 있는 자유가 주어질 때 드러나고 이를 위해서는 자기 주도적 환경이 중요하다고 역설했다.

이러한 동서양의 변치 않는 가치들은 인공지능이 인간을 능가하거나 지배하는 미래 사회가 온다고 해도 끝끝내 인간의 가치와 존속을 지켜줄 교육적 가치들이다. 맥스 테그마크(Max Tegmark)가 《라이프 3.0》(백우진 옮김, 동아시아, 2017)에서 말했듯, 'AI 안전'에 대한 제안과 과학자들의 협약이 없어도, 인간의 본성에 집중하며 욕망을 다스릴 줄 안다면 고도화된 인공지능의 위협으로부터 인류의 미래는 지켜질 수 있다. 사실 위험한 것은 AI가 아니라 인간의 넘치는 욕망과 야심일 수 있다. 동서양의 철학을 기반으로 인간의 본성을 배워나갈 때 아이들의 미래는 인간적인 행복과 충족감으로 더 확장될 것이다.

소박하고 평범한 두간모옥일지라도 인간의 존재와 삶의 가치를 확실히 깨치면 우주적인 행복감으로 충족될 수 있다는 선인들의 말씀은, 어쩌면 상품자본 시대와 고도로 발달한 인공지능 시대를 살아갈 우리 아이들을 바르게 지도할 수 있는 뚜렷한 비전이 될지도 모른다. 앞으로 인간의 존재 자체가 초라하고 누추해질지도 모를 미래 사회에서도 끝끝내 당당한 품격과 아름다운 우아함으로 자기 자신의 삶에 의미와 가치를 부여하며 살아가는 일은 무엇보다 중요한 미래 교육의 핵심 키워드다.

사랑과 품격, 소통과 협력

프랑스 디자이너 필립 스탁은 '스탁 라이프스타일(Starck Lifestyle)'이라는 말이 나올 정도로 인간에 대한 사랑과 존중으로 사람들의 삶을 변화시키기 위한 디자인을 해오고 있다.

필립 스탁의 '옹프 탁자'는 단순히 탁자만을 파는 것이 아니라 교육 체험을 함께 끼워 판다. 옹프 탁자를 테이블로 사용하려면 네 다리 사이에 나무토막을 끼워 넣어야 하기 때문에 소비자들은 프랑스 산림청에서 지정한 숲에 가서 직원의 안내에 따라 벌목이 가능한 나무 중 하나를 직접 골라 잘라서 가져와야 한다. 그래야 비로소 탁자가 완성되는 것이다.

이 과정은 숲을 직접 거닐고 느끼며 숲을 가꾸는 마음을 갖도록 함은 물론 가족들과의 대화와 협력을 이끌어낸다. 가족들이 직접 고른 나무로 완성한 옹프 탁자에 담긴 이야기만으로도 집안은 따뜻함으로 넘쳐날 뿐 아니라 선택한 나무에 따라 색다른 디자인으로 탄생하는 탁자는 가정마다 각기 다른 삶의 멋을 담아낸다. 그야말로 사랑과 협력이라는 공생 구조의 가치가 모두 포함된 프로젝트 학습의 전형이라고 할 수 있다.

필립 스탁의 디자인 철학이 알려주는 것처럼, 상대에 대한 존중이 바탕이 되는 사랑을 하는 사람이야말로 전인이라고 할 수 있지 않을까? 그렇다면 전인교육의 핵심은 무엇일까? 바로 사랑과 협력이다.

그러나 사랑도 배워야 잘한다. 어려서 부모로부터 사랑하는 방법을 배우지 못하면 감성이 아닌 관념적인 사랑을 하게 되고 상대를 종속시키거나 자유를 구속하는 집착을 사랑으로 오해하게 된다. 이는 단순히 연인과의 관계에서만 문제가 되는 것이 아니라 일생을 통한 관계 전체에 부작용을 낳아 소외, 왕따 같은 부정적인 현상을 낳게 한다. 사람에 대한 존중과 사랑, 협력과 소통은 인류가 미래 사회에서 처하게 될지도 모를 위험에 대처하는 예방주사이자 동서고금을 막론하고 변하지 않는 삶의 핵심 가치다.

공유와 연대, 환경과 책임

어려서부터 화려한 쇼와 뮤지컬을 유독 좋아했던 내가 전 생애에 걸쳐 엄청난 감동을 받은 공연은 아리러니하게도 '고요'라는 적막한 주제였다. 더군다나 공연을 직접 본 것도 아니고 책을 통해 '읽었다'. 바로 말로 모건(Marlo Morgan)의 《무탄트 메시지》(류시화 옮김, 정신세계사, 2003)를 통해서였다.

오스트레일리아 원주민 '참사람 부족'을 따라서 넉 달간 죽음의 사막 여행을 떠난 말로 모건은 그날도 어김없이 사막을 걷고 있었다. 그런데 갑자기 부족장이 음악회를 열자고 제안하자 부족민들은 그 즉시 걸음을 멈추고 주위에 널린 돌멩이를 두 개씩 집어 들어 박자를 맞추면서 노래하고 여흥을 즐기기 시작했다.

얼마쯤 뒤 그들만의 음악회를 마치자 부족민들은 저마다 주워 들었던 돌멩이를 원래 있던 자리에 다시 정성스럽게 돌려놓았다. 그 모습을 본 모건이 묻는다. 그냥 숲 아무 데나 던져도 되는데 왜 꼭 그 돌이 있던 제자리에 돌려놓아야 하느냐고. 그러자 부족장은 돌이 있던 본래의 자리가 그 돌의 자리라며 인간은 신이 만든 자연의 털끝 하나도 함부로 해서는 안 된다고 말한다.

> "마지막 나무가 사라진 뒤에야, 마지막 강물이 더럽혀진 뒤에야, 마지막 물고기가 잡힌 뒤에야 그대들은 깨닫게 되리라. 사람이 돈을 먹고 살 수 없다는 것을"
>
> —《무탄트 메시지》

자연을 보호하고 더 이상의 환경을 파괴하지 않는 삶의 자세로 살아가는 것은 이미 교육의 문제가 아니라 생존의 문제다. 이 생존의 문제를 확인하고 지속 가능한 지구 환경보존을 위한 가치와 삶의 기술을 배우도록 하는 것이 미래 교육의 핵심 가치가 되어야 한다는 것에는 누구도 반박할 수 없을 것이다. 환경과 평화는 사실 지속 가능한 지구인의 미래 삶을 보장하기 위한 양대 산맥이다. 이를 위해서는 같은 가치를 공유하고 연대해야 한다.

오스트레일리아 참사람 부족의 음악회가 작은 돌멩이 두 개만으로도 예술이 주는 기쁨과 즐거움을 줄 수 있었던 것은 그들이 공유한 음악과 축제에 대한 개념과 가치 그리고 그것을 지켜 나가기 위한 부족 단위의 연대가 가능했기 때문이다. 더군다나 인공지능이 선도하는 기계 우선 사회에서 자연을 지키고, 자본주의의 정점인 사회에서 전쟁이 아닌 평화를 안착시키는 삶의 자세와 태도는 무의식 단계에 각인시켜야 하는 진짜 중요한 삶의 핵심 가치다.

비전과 신념, 변화와 용기

삶의 핵심은 '변화'라는 한 단어로 요약될 수도 있다. 나는 지인이 보내준 스기모토 다카시(杉本貴司)의 《손정의—300년 왕국의 야망》(유윤한 옮김, 서울문화사, 2018) 한 권이 내 삶을 흔들어 '변화'시키는 경험을 했다.

책을 읽다 보니 손정의와 나의 스타일이 너무나 닮아 있었다. 이를 테면 리더십, 사교성, 열린 자세, 융합적 사고, 스케일 등 많은 면에서 그랬다. 그런데 왜 그의 통장 잔고는 몇백 조로 넘치고, 나의 통장 잔고는 마이너스인 걸까? 가장 큰 차이는 비전의 차이였다.

손정의는 사업을 하는 부모님 아래서 남다른 경제적 스케일과 비전을 가지고 성장한 반면 나는 경제 교육이라고 할 것이 없었던, 지극히 평범한 70년대를 살았다. 놀부는 돈이 많으니 나쁜 사람이고 흥부는 가난해서 좋은 사람이라는 단순한 이분법 논리 구조를 단 한 번도 의심하지 않고 50년이 넘도록 살아온, '경제 바보'였던 것이다.

대범하게 베팅하는 만큼 수익도 대범하게 돌아온다. 물론 리스크는 감수해야 한다는 전제가 있지만, 이 원리는 너무나도 당연했다. 손정의 회장이 조기에 대학을 졸업할 동안, 나는 흑백논리의 얄팍한 도덕적 잣대로 스스로를 도덕적 결함이 없는 완벽한 사람으로 포장하며 그냥 현실에 안주하고 있을 뿐이었다. 나 자신의 삶을 변화시키고 성장시키는 위험한 모험의 세계로는 사실 단 한 발짝도 나아가려 하지 않았다. 나는 안전한 테두리 안에서만 모험가처럼 행동했을 뿐이었고, 용기 있는 삶이라는 것은 방황이거나 허세였음을 손정의 평전을 읽으며 뒤늦게 깨달았다.

큰 비전을 가지고 새로운 삶의 모험을 향해 무릅쓰는 용기는 확고한 자기 철학과 신념이 없이는 불가능하다. 자신의 삶에 대한 큰 비전을 갖는다는 것은 그만큼 커다란 성취를 할 수 있는 가능성을 말해주는 것이다. 가치 지향적인 신념을 가지고 명확한 목표를 세워 실행한다면 배움은 삶 속에서 저절로 일어나고 교육적 성취도 얻어진다.

변화가 없는 삶은 생명 없는 인형의 삶과도 같다. 환경에 지배당하지 않고 명확한 신념과 비전을 가지고 자신이 꿈꾸는 변화된 삶의 주인공이 되기를 원한다면 위험 속으로 첨벙 뛰어드는 용기를 내야 한다. 라이프스타일을 통한 삶의 변화라는 비전을 기반으로 한 라이프스타일 교육의 핵심은, 마치 해변의 햇살이 누구에게나 공평한 것처럼, 봄빛 이르는 곳마다 꽃이 피지 않는 곳이 없는 것처럼, 사람들 모두 일상의 삶을 통해 평등한 행복을 누릴 수 있도록 하는 것이다.

성찰과 관용, 자유와 조화

플라톤은 철학의 가장 궁극적인 목표가 '훌륭한 삶'이라 생각했다. 웰빙이다. 진정으로 잘 살고 싶다면 무엇을 해야 하는가? 자기 자신을 아는 것이다.

플라톤은 자신에 대한 인식의 가장 중요한 계기를 교육에 두고 있다. 자신에 대한 앎이란 성찰의 가장 중요한 기능이고, '내가' '나' 자신이 될 때 비로소 자신 스스로를 제대로 이해하게 된다. '내가 나를' 성찰하고 이해한다는 것은 타자를 더 많이 이해하게 된다는 말과도 같다. 그로 인해 사람은 더 많이 관용적인 사람이 될 수 있다.

앞으로 미래 사회의 개인들은 훨씬 더 큰 폭의 차별성과 개성을 보일 것으로 전망되고 이런 차이와 다름의 부작용은 다툼과 전쟁과 같은 폭력을 양산할 수 있기에 성찰과 관용이라는 키워드는 미래 교육의 대안이 될 라이프스타일 교육에서 중요한 가치를 가진다고 볼 수 있다. 성찰과 관용의 가치는 자유와 조화를 함께 포함한다. 서로의 자유를 존중하며 조화로운 존재들이 될 때 사람은 비로소 더욱 충만한 삶을 살아갈 수 있다.

영감과 창조, 진실과 통찰

나 자신이 스스로를 알고 나로서 깨어 있거나 또는 인간으로서의 존엄성과 정체성을 유지하기 위해서도 각자는 예술과 창조적 사고를 통해 통찰력을 키우고 문제해결 능력 및 비판적 사유를 꾸준히 훈련해야 한다.

영화 〈매트릭스〉의 '리얼 월드'에서도 가짜는 존재했다. 이를 선별할 수 있는 능력은 인간 영성의 극점이라 할 수 있는 예술과 창조성을 기르는 과정에서 극대화될 수 있다. 미래 사회를 대비하는 혁신이란 단순히 긍정적이고 생산적인 면만을 예상하는 것이 아닌 미래 사회 전체의 음과 양을 모두 아우르며 어떤 상황에서도 인간 고유의 본성과 존엄을 지켜가는 통찰력이다. 붓다의 연기론과 공의 사상은 시대를 앞서가는 통찰의 정점이다.

문학과 예술을 통한 감수성 함양은 일상생활 속에서도 얼마든지 진행할 수 있다. 따라서 일상의 리빙 스타일과 라이프스타일을 변화시키는 과정을 통해 새로운 가치를 만들고 즐기는 문화적 생산 놀이를 학습해가는 과정이 라이프스타일 교육이 내세우는 또 하나의 핵심이 된다. 여기에 하나 더 보태자면, 예술과 인문학의 디지털 알고리즘은 이미 당신 생활의 패턴 분석으로 당신 인생의 심층까지 보고 있을지도 모른다. 따라서 비평적 관점들이 중요한 핵심 교육과정이 되어야 한다. 미디어 리터러시 교육의 중요성도 바로 이러한 비평적 사고능력 함양에 있었다.

인간성을 지킬 최후의 보루, 생각하는 힘

인간이 주권을 잃지 않는 지구의 미래를 위해서라면 적어도 인류가 직면한 현실이 진실인지 의심하고 질문을 던짐으로써 깨어 있어야 한다. 그러나 현실은 어떠한가? 그저 시간만 흘러가고 있다. 자신이 누구인지, 무엇인지 묻지 않고 상품자본주의가 만들어낸 시스템과 타자의 욕망의 틀 안에서 그저 배불리 먹고 스마트폰이 재생해주는 가상현실의 안전한 세계 안에서 늘어지게 편안함을 추구할 뿐이다.

인류의 변치 않는 가치를 논하기 전에 먼저 스스로가 변치 않는 인간의 본성을 유지하려면, 무엇보다 생각의 힘을 키워야 한다. 아니, 생각하는 힘을 키워야 한다. 스스로 자신의 내면과 본성에 집중하고 스스로와 대화할 수 있는 내면적 파워를 키워주는 것은 인류의 변하지 않는 가치는 물론 인간의 존엄을 지켜줄 매우 중요한 교육 팁이다. 영성과 명상 교육은 미래 라이프스타일 교육에서 변치 않는 가치들을 지속할 수 있는 가장 확실한 교육 방법이다. 지금부터 눈을 감고 잠시 자신 안으로 내려앉아보자. 우리 아이들의 미래가 우리 안에 있음을 알게 될 것이다. 아이의 행복과 불행은 부모의 확고한 정답과 요지부동한 고집과 아집을 내려놓는 것부터 시작해야 할지도 모른다. 우리 스스로 먼저 생각하는 힘을 키워야 한다.

책읽기는 라이프스타일 교육의 고전이다

잡지: 문화와 예술의 세계를 알려준 최초의 교과서

나에게 잡지는 세상이 선물한 보물 단지였다. 어린 시절부터 잡지는 나를 정말 설레게 했다. 새 잡지가 손에 들어왔을 때의 그 기대감과 행복감과 몰입은 무엇과도 견줄 수 없었다.

유명 디자이너의 옷을 입은 패션모델들의 멋진 모습과 아름답게 차려진 식탁과 정찬들, 사랑받는 아이의 따뜻한 방과 잘 연출된 브랜드 제품 사진 등은 어린 내게 늘 쇼킹하고 기분 좋은 문화적 충격을 주었다.

잡지를 통해 들여다보는 타인의 삶 또한 충분히 자극적이었다. 외교관이 되겠다는 꿈을 갖게 된 것도 잡지에 소개된 대사관저의 격조 있는 분위기와 대사 부인들의 우아하고 화려한 삶의 모습이 직접적인 원인이었다. 어쨌든 잡지는 나에게 새로운 세계로 나아갈 수 있도록 커다란 문을 열어준 통로였으며 융합적인 사고를 할 수 있게끔 자극을 준 최고의 교과서였다.

잡지 속엔 삶에 필요한 품격 높은 의식주가 모두 들어 있었다. 부모님의 라이프스타일에는 없었던 다양한 예술적 취향과 유니크한 라이프스타일도 잡지를 통해 배웠다. 잡지를 통해 나는 삶을 배웠고 깨우쳤으며 나만의 독특한 라이프스타일과 개성을 만들 수 있었다.

그러나 잡지는 반드시 정직하지만은 않았다. 그러나 그렇다고 그것이 나쁘지는 않았다. 잡지에 연재된 네스호의 괴물 이야기나 여름이면 반복되는 납량 특집의 귀신 이야기들 덕분에 나는 재미있는 이야기꾼으로서 친구들 사이에서 늘 인기 만점이었다. 물론 엉뚱하고 잘난 척한다고 싫어하는 친구들도 반절이었다.

이야기꾼으로 거듭나다

잡지 콘텐츠에서 비롯된 이야기꾼의 재능은 교사가 된 이후 더욱 유용하게 쓰였다. 한국사든 세계사든 첫 시간에 큰 역사의 흐름과 맥락을 설명하고는 일상의 토픽을 중심으로 역사 수업을 이어갔다. 잡지책을 이용한 역사 수업은 아이들이 현대의 사회문화를 읽어냄은 물론 시대정신까지도 읽어내는 중요한 교과서의 역할을 해주었다. 현대의 의식주 트렌드가 모두 잡지에 들어 있는 덕분이었다. 내가 잡지에서 배운 지식과 세계관은 다시 아이들과 잡지 수업을 통해 또 다른 수만 개의 라이프스타일로 새롭게 디자인되고 재생산되었다.

우리는 일상에서 쉽고 간편하게 교양 있는 부모로서 라이프스타일 교육을 진행할 수 있다. 서점이나 도서관에서, 아니면 미용실과 카페에서 잠시 잡지를 펼쳐라. 전문 지식은 필요 없다, 단순히 아이와 잡지책을 함께 넘기며 보고 있는 것만으로도 아이는 부모와 함께하는 시간으로 충만해진다.

어린아이는 무릎에 앉혀서 함께 보고 조금 큰 아이는 좁은 어깨를 감싸 안아주면서 함께 보자. 교육은 그냥 잡지책 지면에 맡겨두자. 그 안에 들어 있는 온갖 삶의 이야기들을, 전문가들의 수준 높은 큐레이팅에 의해 선택된 사물과 예술과 삶의 양식을 아이와 함께 나누어보라. 다가올 미래 사회가 어떤 성격이든, 아이들의 상상력과 안목을 키워주며 개성 있는 자신만의 컬러를 만드는 독서교육은 라이프스타일 교육의 고전 중의 고전이다.

백과사전: 실리콘밸리 천재들의 필독서

사람은 대개 지식을 쌓을 때 조각조각 나누어서 습득한다. 단행본 한 권을 읽듯 분야별 지식을 하나씩 배우고 익혀 나간다. 그러나 인공지능은 의류, 유통, 경제, 교육, 문화, 정치, 지리 등 여러 개의 주제들을 한꺼번에 통합적으로 습득한다.

매사추세츠 공과대학교의 연구소 MIT 미디어 랩(MIT Media Lab) 역시 인공지능처럼 여러 분야의 지식을 융합해서 연구를 진행한다. 예를 들면, '음성 인식'을 연구할 경우에는 음성학자, 심리학자, IT 엔지니어 등이 연계하여 통합적인 연구를 실행하는 것이다.

현재 우리 교육은 아직 융합과 통합의 단계에는 이르지 못하고 있는 게 현실이다. 개별 학과가 분과되어 다양한 지식을 통합하는 학제가 부족하다. 그렇다고 교육제도를 탓하며 마냥 손을 놓고 있을 수만은 없다. 전문가는 아니지만 전문가도 아닌 부모들이 통합적인 사고를 하도록 자녀를 교육할 수 있는 방법은 없을까? 이를 위해 우리는 일상에서 어떤 자세와 태도로 교육을 진행해야 할까? 어떤 관점에서 아이들을 이해하고 서포트해야 할까?

실리콘밸리의 천재들인 빌 게이츠, 스티브 잡스, 일론 머스크(Elon Reeve Musk)의 공통점은 모두 독서광이었다는 점이다. 특히 백과사전을 거의 외우다시피 했다고 한다. 백과사전은 특정 지식을 알게 하는 일반 단행본과는 달리 세상의 모든 관점을 연결하고 모든 지식을 통합적으로 융합하여 생각할 수 있는 기반을 마련해준다.

미국의 소프트웨어 천재들은 대체로 중등학교 때부터 컴퓨터에 집중한 마니아들이었다. 그들은 대학을 가지 않아도 컴퓨터의 메커니즘이나 알고리즘에 스스로 몰입했다.

자발성은 미래 교육의 핵심이다. 스마트폰은 학습자들을 자발적으로 학습에 몰입하게 할 수 있는 미래의 교육 도구다. 만약 스마트폰이 책처럼 오랫동안 안전한 교육 도구로 규정되었다면, 세상 모든 부모들이 스마트폰만 들여다보는 아이가 너무나 자랑스럽고 사랑스럽지 않았을까?

따라서 미래 교육에서 교육과 교육 방법의 범주 규정의 문제는 매우 중요하다. 라이프스타일 교육에서 요리하고 식사하는 것이 교육이라고 말하려면, 그것을 교육으로 인정하는 공감과 약속이 먼저 있어야 하는 것이다.

대안 교실에서 요리 수업을 할 때 행정실과 예산 문제로 어려움을 겪을 때가 많았다. 그건 놀이이지 공부가 아니기에 교구로 인정할 수 없다는 행정적 판단 때문이었다. 볼링은 스포츠가 아니라 오락이라는 개인적인 사견 또한 교육을 막아서는 큰 장벽이었다. 이처럼 교육 방법의 범주 규정은 앞으로도 미래 교육에서 매우 중요한 쟁점이 될 것이다.

포노 사피엔스의 시대에 맞게 독서 활동의 범주를 확장하자

책을 읽는다는 것의 규정과 범주 또한 핵심 목표에 집중해야 한다. '독서'라는 행위와 '책'이라는 사물의 의미가 다시 재규정되어야 한다. 종이로 된 책을 읽는 것은 독서로서 명명백백한 의미를 가진다.

그렇다면 스마트폰으로 '밀리의 서재'를 통해 전자책을 읽는 것과 '아마존의 킨들(kindle)'로 책을 읽는 것 또한 독서로 분류하는 것이 합당할까? 스마트폰을 이용해 읽는 전자책, 오디오북을 듣는 것도 독서 활동의 범주에 속한다고 할 수 있을까?

만약 그것이 명백한 독서 활동이라면, 왜 우리나라 학교의 정규 수업 시간에는 스마트폰이 공식 학습 도구로 인정받지 못하고 학부모와 관리자들의 민원을 걱정해야 하는가?

얼마 전 스마트폰 중독은 병이라는 보도가 나왔고, 이에 대해 교육당국과 보건당국이 중독 예방을 위한 대대적 교육 진행을 위해 선도학교와 연구학교를 선발한다는 보도가 있었다. 스마트폰이 청소년에게 중독을 일으키는 유해한 것이라면, 현대인들이 먹고 자고 입는 의식주 또한 중독되었다고 해야 하지 않을까? 모바일 앱이 없다면 '배달의 민족'은 오지 않는다.

이 질문은 도발도 아니고 억지도 아니다. 이제 새로운 시대에는 스마트폰 자체가 의식주 그 자체이기 때문이다. 지금의 인류는 이미 반인반폰인 포노 사피엔스다. 스마트폰 없인 아무것도 할 수 없다는 것쯤은 할머니 할아버지도 모두 알고 있는 사실이다.

스마트폰은 이미 인체의 기관처럼 많은 이들에게 사물 이상의 매우 밀접한 도구가 되어 있다. 대다수의 사람들에게 두뇌를 보조하는 인공지능이며, 빨강 옷을 입을지 파랑 옷을 입을지를 선택해주는 삶의 조력자이기도 하다. 돈도, 집도, 음식도, 먹거리도, 교양도, 예술도, 심지어 친구나 사랑까지도 스마트폰의 사회관계망 속에 들어 있고, 인간의 오감 또한 스마트폰에서 시작되어 스마트폰으로 끝난다. 인간의 한 생애에 걸친 의식주와 생로병사와 관혼상제가 모두 스마트폰에 들어 있을 뿐만 아니라 인류의 역사가 통째로 담긴 거대한 백과사전이 바로 스마트폰인 것이다.

빌 게이츠나 일론 머스크가 읽었던 백과사전과는 비교가 되지 않는 방대한 지식! 거기다 셀 수 없이 수많은 새로운 지식이 매일매일 업데이트되기까지 한다. 스마트폰 자체가 이젠 한 개인의 역사이자 인류의 역사책이며 거대 백과사전이다. 이미 대세는 스마트폰이다. 대세는 곧 트렌드이고, 트렌드는 이미 그 시대의 문화이며 삶의 방식이다. 스마트폰은 미래 사회의 의식주와 라이프스타일을 구성하는 기초 단위이며 필요충분조건인 것이다.

어느 한 매체가 대세로 굳어졌을 때 역사의 흐름은 이미 하나의 커다란 강줄기가 된다. 막을 수 없다. 스마트폰을 손에 쥐고 있지 않은 인류가 도대체 몇 명이나 되는지를 따져봐야 한다. 나는 단연코 열 손가락 안에 들 거라고 단언한다.

스마트폰은 이미 인간의 라이프스타일과 기업의 문화나 서비스를 바꾸며 곳곳에서 혁신을 일궈내고 있다. 실리콘밸리의 세 천재들이 책을 통해 얻었던, 시대를 앞서가는 통찰력과 시대 인식과 기업가 정신을 부러워할 것이 아니라, 그들처럼 통합적으로 읽고 융합하며 새로운 아이디어로 세상을 변화시키는 인재를 양성할 수 있도록 독서교육을 확대해야 한다. 단, 이때 독서교육은 종이책은 물론이고 디지털 기기를 통한 모든 독서 활동을 독서의 범주로 재규정하여 학습자 스스로 원하는 매체를 이용한 독서를 통해 사유의 확장을 도와야 한다. 이것이야말로 미래 사회가 도래해도 변치 않는 라이프스타일 교육의 품격이자 고전이 될 것이다.

환경교육, 미래 인류의 생존을 결정한다

2013년 환경위기시계 9시 31분!

겁 없는 내가 정말 무서워하는 두 가지가 있다. 바로 고양이와 귀신 영화다. 그러나 우연히 발견한 《후쿠시마에 남겨진 동물들》(하상련 옮김, 책공장더불어, 2013)의 표지에 실린 고양이 두 마리의 슬픈 눈이 여지없이 내 마음을 흔들었다.

후쿠시마에는 평소 약 2,000배에 달하는 방사선량 속에서 오지 않는 주인을 기다리는 동물들이 많이 있다. 목줄이 풀어져 있지만 아무데도 가지 않고 집을 지키던 누렁이와 기운이 없어 열린 축사 밖으로 나오지도 못하는 소들부터 회색 생쥐, 손가락만 한 바퀴벌레, 까만 모기, 빨강 개미, 꿈틀꿈틀 초록 애벌레까지…….

그 작은 것들조차도 죽음의 방사능 속에 방치되어 있다고 생각하니 인간이 만든 문명에 고통당하는 동물들에게 미안하고 마음 아프다. 그러나 후쿠시마로부터 멀리 떨어져 있는 나는 안전할까? 내가 좋아하는 고등어구이와 생태탕은 어느 바다를 헤엄치던 물고기들일까? 그리고 원전 사고는 단순히 일본만의 문제일까?

우리나라는 매년 서울 소공동의 롯데백화점 본점 환경시계 앞에서 환경 위기 시각을 발표해오고 있다. 2013년 기준 환경시계는 9시 31분! 같은 해 세계 환경위기시계는 9시 19분이었다. 환경오염은 수질오염, 대기오염, 토양오염, 오존층 파괴, 지구온난화 등 종류만도 여러 가지이나 주된 원인은 기업들의 무분별한 이윤 추구와 이기적인 우리들의 삶의 방식으로 집약될 것이다. 전 지구인들이 조금씩 적게 가지고 적게 먹고 천천히 살아간다면 지금의 지구 환경이 급속도로 나빠지는 것은 막을 수 있을 것이다.

그러나 현대인의 라이프스타일은 달라지지 않고 있다. 조금 더 많은 상품을 빨리 소비하기 위해 더 많이 벌어야 하고, 더 많이 벌어야 하니 시간이 없어 스피드를 찾게 되고, 스피드를 찾다 보니 일회용품이 판을 쳐서 결국 하와이 주변에 한반도의 열다섯 배에 이르는 플라스틱 섬을 형성하고 말았다. 고래와 물새는 플라스틱을 먹고 소화불량과 영양실조로 죽고, 플라스틱 섬에서 자란 물고기를 먹은 인간 또한 미세 플라스틱을 먹음으로써 서서히 죽어간다. 전 세계 환경위험시계 9시 19분! 이제 시계바늘을 거꾸로 돌릴 때다.

일론 머스크의 인류 구하기 프로젝트

일론 머스크는 2008년 스페이스X(SPACE X)를 설립하여 액체 추진 연료 로켓 '팰컨1(Falcon 1)'을 쏘아 올렸다. 그는 인간의 멸종을 막기 위한 환경 프로젝트로 스페이스 X를 설립했다고 한다. 그는 지구온난화 등 환경문제를 해결하기 위해 화석연료를 쓰지 않는 태양열 충전 시스템과 전기자동차를 개발하여 일대 혁신을 이루기도 했다. 그렇다면 그는 어린 시절 로켓을 만들어 우주를 개척하겠다는 단순한 꿈을 가졌던 공상 소년에 불과할까?

지구의 환경오염으로 인한 인류의 고통은 생각보다 가까운 미래에 와 있다. 교사들은 미세먼지 때문에 정상적인 교육 활동이 어려워진 지 오래이고, 한국의 학부모를 대상으로 미세먼지 때문에 자녀를 학교에 보내지 않은 경험을 물은 설문조사에서는 무려 30퍼센트의 학부모가 경험이 있다고 대답했다는 라디오 방송 보도도 있었다. 미세먼지 등 공기 중 유해물질을 걸러주는 공기청정기는 생활필수품이 되었고 미세먼지 마스크를 쓴 채 시내를 돌아다니는 사람들의 모습은 이제는 매우 흔한 풍경이다.

그러나 인류의 미래가 담보된 환경문제는 해결보다는 예방교육에 더 포인트를 둬야 한다. 국가 단위는 물론 개인 차원에서도 지속적인 친환경적 라이프스타일을 통해 지구의 지속 가능한 미래를 위해 노력해가야 한다. 일상에서도 아이들과 함께 환경보존을 위한 융합적 라이프스타일 교육을 실행해야 한다. 지구 환경보존의 해답은 가정에서부터 친환경적인 라이프스타일을 고수하는 부모의 라이프스타일에 바로 그 해답이 있다.

안전한 미래를 위한 마음 자세

서울 성산동 성미산 일대에 자리 잡은 주민 1,000여 명의 성미산 마을은 지역 공동체가 친환경적 삶을 어떻게 살아낼 수 있는지를 잘 보여주는 사례라고 할 수 있다. 성미산 사람들은 성미산 학교를 설립해 이곳에서 손수 작물을 재배하며 아이들에게 생태적 감수성과 자급자족적인 삶을 가르치고 재배한 유기농 작물을 생활협동조합의 직거래를 통해 가족과 공동체에게 나눈다.

작은 나무 카페에서는 공정무역 커피를 마시고 유기농 차를 마시며 공연이나 작품 전시 등의 문화예술 활동을 즐기고 무말랭이라는 마을 극단의 공연을 관람한다. 심지어 공동체 주택을 직접 지어 성미산을 지켜낸 환경 철학을 지켜가는 삶을 자녀들에게 몸소 보여주며 생생한 배움을 전달한다.

그런가 하면 불교 수행 단체인 정토회의 경우, 불법의 연기론에 입각하여 화장실에서 수건 쓰기, 음식물 쓰레기 남기지 않기, 지렁이 키우기, 일회용 용기 쓰지 않기, 물 받아 설거지하기, 재활용품 돌려쓰기 등을 실천함으로써 수행이 단순히 기도나 명상만으로 그치는 것이 아니라 일상에서 깨인 자로부터, 행동하는 실천으로부터 이루어짐을 실생활에서 보여준다. 정토회는 이처럼 행동하는 실천적 수행 프로그램으로 적극적인 환경교육을 통해 수행자들의 라이프스타일을 변화시킴은 물론 환경문제 해결에도 기여하고 있다.

환경의 역습에 의한 아토피와 알레르기 같은 문명 질환은 점점 늘어나고 있는 추세다. 환경에 대한 경각심이 높아지면서 비싸고 양이 적어도 친환경 식품을 찾거나 친환경 소재를 찾는 이들이 많아지고 있다. 또 직접 친환경 소재로 생활용품을 만들어 쓰는 수공예가 문화 살롱이나 소규모 모임을 중심으로 확장되고 있다. 더 늦기 전에, 지금부터, 자기 자신부터 바로 친환경적 삶을 행할 때 안전한 미래는 온다. 그리고 그 변화는 바로 우리의 삶을 변화시키고 내 아이의 안전한 미래가 된다.

"나는 학교를 파업한다"

스웨덴 소녀 그레타 툰베리(Greta Thunberg)는 환경운동가로 노벨평화상 후보에 오른 16세 소녀다. 툰베리는 약간의 자폐 성향으로 지구온난화와 관련된 환경 영화를 보고 충격을 받아 오랫동안 등교를 하지 못하다가 자신이 직접 나서야겠다고 생각해서 매주 금요일마다 학교를 결석하고 혼자서 환경 캠페인을 벌이기 시작했다.

그가 든 피켓에는 이렇게 적혀 있었다.

"기후 변화를 위한 학교 파업."

툰베리는 2018년 스웨덴 국회에서 기후변화에 대한 즉각적인 행동을 요구하는 시위를 했는데, 이로 인해 유명한 환경운동가가 되었다. 그의 '학교 파업 운동'은 스웨덴뿐 아니라 전 세계로 퍼져, 유럽 의회 선거가 치러지던 2019년 5월 24일에는 125개국 1,600여 개 도시에서 학교 동맹파업이 진행되기도 했다. 노벨평화상에 오른 그레타 툰베리는 상이 중요한 것이 아니라 자신들의 요구가 받아들여져서 지구의 환경이 좀 더 나아졌는가가 더 중요하다고 말했다.

청소년들이 문명을 바꾼다. 이미 그들은 디지털 원주민으로 자신들이 살아갈 미래 세상을 위해 어떻게 행동해야 하는지를 안다. 관념적인 언어로 환경을 말하는 것은 너무나 시대착오적이다. 일론 머스크처럼 로켓을 쏘아 올리며 새로운 땅과 공간을 찾아나서는 용기와 모험심을 일상 속 실천력으로 지속적으로 키워주는 것이 미래 교육의 핵심이다.

미래는 미래의 세대들이 스스로 지켜가야 하며, 지금 이 자리에 있는 각자가 스스로 실천하고 행동해야 한다. 환경교육을 미래 교육에 양보했을 경우 미래는 죽어도 오지 않는다는 것이 진실임을 사람들은 이미 많은 선례를 통해 알고 있다. 지금 즉시 텀블러를 가방에 넣고 외출하자. 아니면 조금 깨진 앤티크 찻잔을 들고 베네치아의 카페 플로리안으로 가자!

환경교육은 미래 인류 생존의 중대 문제다. 단순히 교육과정의 구색을 맞추기 위한 것이 아닌, 미래를 살아갈 아이들의 최소한의 생존

전략이며 기초적인 삶의 기술이라는 점을 공감하고 공유해야 한다. 이를 위해 무엇보다 가정에서 일상의 삶을 다시 디자인해야 한다. 우리의 라이프스타일이 친환경적으로 변화할 때 아이들도 스스로 친환경적 라이프스타일을 디자인하고 자신들의 아름다운 미래를 지켜갈 수 있다.

잠깐 상식!

피츠버그 빈민가에 핀 라이프스타일 교육

미국 피츠버그의 빈민가 한 고등학교 복도에서 한 아이가 잔잔한 조명과 재즈 음악이 새어나오는 교사 연구실을 호기심이 가득 찬 눈으로 엿보고 있다. 그를 발견한 교사는 물레질을 멈추고 아이를 불러들여 향 좋은 커피를 대접하고 물레를 이용해서 도자기를 만들게 한다.

그 후 아이는 도자기와 재즈와 아름다운 조명 아래서 커피 마시는 것을 즐기는 취향을 갖게 되었고, 자신이 받은 애정과 햇빛과 음식과 열정과 신뢰를 자신처럼 가난하고 불우했던 아이들에게 나눠주는 '맨체스터 비드웰(Manchester Bidwell)' 직업 훈련센터이자 지역사회 예술 프로그램을 설립하여 수많은 사람들의 삶을 변화시켰다(《피츠버그의 빈민가에 핀 꽃》, 강성구 옮김, 에이지21, 2009).

남을 위한 희생과 봉사의 삶이 아닌 온전히 자신의 취향과 삶의 지향점에 충실한 삶을 살아내며 맨체스터 비드웰의 설립자로 가난하고 소외된 사람들에게 존중받는 삶을 통해 변화를 초래하는 빌 스트릭랜드(Bill Strickland)의 마술 같은 이야기다.

그는 품격 있는 삶의 경험이 스스로를 바라보는 방식을 바꾸게 한다는 신념 아래 세상에서 가장 예술적이고 아름다운 교육 공간을 만들어냈다. 도자기 작품을 전시하는 전시 공간, 좋은 식재료로 제대로 차려낸 점심을 먹을 수 있는 아름다운 레스토랑, 난을 키우는 온실, 원목 수제 가구와 예술 작품으로 가득 찬 공간과 생화의 생기를 학교 곳곳에 담고 그 공간에서 공부하는 학생들에게 아름다운 공간감으로 인간에 대한 예의와 존중을 표했다. 직업훈련도 되도록 가성비가 좋은 의료 기술, 원예 기술, 요리 기술 및 사진 도예 등 졸업 후 취업이나 진학 어떤 진로를 선택해도 자존감 있는 독립 개체로 경제적으로도 자립할 수 있게 교육했다. 빌 스트릭랜드의 '맨체스터 비드웰'은 우리가 생각하는 단순한 직업훈련 학교가 아니라 빈민가의 아이들이 가정과 부모들로부터 배우지 못한 라이프스타일을 가르치며 자존감을 키워 자발적인 동기부여에 의해 스스로 열심히 학업에 임하도록 하는 교육 방향을 설정하고 있고, 이 같은 시도는 이미 성공해서 여러 지역에서 스트릭랜드의 학교를 벤치마킹하고 있다.

빌 스트릭랜드의 지론 중 하나는 사람은 꿈에 따라 행동할 준비가 되어 있어야 하고, 더 원대한 비전을 가지고 꿈의 실현을 위해 노력해야 한다는 것이다. 가난할지라도 살아가면서 꽃을 볼 수 있는 자격은 충분히 있음과 사람들은 한 사람 한 사람이 매우 귀한 존재이며 대접받을 자격이 있다는 사실을 알게 하는 것이 그의 목표였다. 그는 음식과 햇빛과 애정과 음악과 신뢰로 많은 가난한 이들을 보듬어야 한다고 생각했고 자신의 지론대로 삶을 실천했다.

미래 교육의 핵심은 디지털 리터러시다

이것은 예술이다

일본의 '실즈(SEALDs)'는 아이돌 그룹도 아니고 래퍼도 아니다. 하지만 나는 두 시간 넘게 그들의 랩을 들으며 글을 쓰고 있다. 물론 나는 그들이 하는 일본말을 알아듣지 못한다. 그렇다고 그들이 장대한 스케일의 무대 위에서 최상의 공연 예술 퍼포먼스를 보여주는 것도 아니다. 이들은 그저 이동식 엠프를 하나 달랑 싣고 풍선을 수십 개 매단 1.5톤 트럭 위에 올라 탄 채 세 개의 마이크에다 대고 자신들의 민주주의 사회에 대한 열망을 미친 듯이 랩으로 쏟아낼 뿐이다.

> "NO WAR! GIVE PEACE! IF YOU WANT IT WAR IS OVER! FIGHT FOR LIBERTY!(전쟁은 안 돼! 평화를 줘! 당신이 원한다면 전쟁은 끝

나! 자유를 위해 싸우자!)"

아! 이것이 예술이 아니고 무엇이며, 이것이 커뮤니케이션이 아니고 무엇이며, 이것이 사회를 읽고 쓰는 디지털 리터러시 능력이 아니고 무엇이겠는가?

불과 15분도 안 되는 유튜브 영상으로 공연을 보고 이토록 감동적이고 눈물겨운 경우는 처음이다. 그들의 진심 어린 외침에 그냥 내 가슴이 뜨거워진다. 자신들의 생각을 저토록 세련되고 소박한 영상 예술로 표현할 수 있다니 놀랍다. 하지만 영상물 가득 그들의 주장을 담은 언어와 코드들은 가득하다.

경찰이 단속을 나와도 음악과 춤으로 무장한 실즈는 눈도 꿈쩍하지 않고 자신들의 주장을 랩으로 토로하며 군중들의 공감을 이끌어낸다. 점점 군중 속에서 그들의 주장이 담긴 랩을 따라 외치는 사람들이 많아지고, 트럭 위의 래퍼들의 비트도 덩달아 강해진다. 난 불과 3분도 되지 않아 그들의 주장에 동의하고 공감하고 '실즈' 동영상을 지인들과 공유하고 싶어진다.

실즈의 언어는 곧 디지털의 언어다

'실즈(SEALDs)'는 'Students Emergency Action for Liberal Democracy-s'의 약자로, 곧 '자유와 민주주의를 지키기 위한 학생 긴급 행동'으로 해석된다. 일본의 시민사회 운동단체인 실즈는 미디어와 예술을 통한 커뮤니케이션의 중요성을 정확히 잘 이해하고 있다.

일본 아베 정권의 안보법 개정을 반대하며 결성된 실즈는 영상매체로 전쟁을 반대하고 자유민주주의를 원하는 자신들의 정치적 소신을 명확하게 전달한다. 이를 위해 자신들의 민주주의와 자유에 대한 생각을 카메라 앵글, 사운드, 음악, 패션까지 치밀하게 기획하여 전략적인 디지털 매체 언어를 사용한다.

그렇게 생산된 영상은 페이스북을 통해 일본 전역으로 확산된다. 정치에 무관심했던 청년들도 한 번쯤 눈여겨보게 되는 완성도 있는 콘텐츠 덕분에 그들의 정치적 행보는 금세 주목받기 시작했다.

그렇다면 실즈의 영상 언어 스타일은 무엇으로부터 유래했을까? 일본은 2009년 'NHK Creative Library' 서비스를 시작했다. 이 서비스는 영상 소재를 활용해 직접 작품을 제작하는 과정에서 표현력, 창작력, 미디어 리터러시를 향상시킬 수 있도록 지원하는 것을 목표로 한다. NHK가 제작한 고품질 영상 소재를 오픈 소스로 공개해둔 사이트로, 누구나 NHK가 보유하고 있는 영상 자료를 다운로드하여 새롭게 편집할 수 있다.

자신의 의견을 영상매체로 만들어 보다 많은 사람과 소통하기 위해 디자인을 고민하는 과정은 각종 미디어를 영리하게 읽고 쓸 수 있는 디지털 미디어 리터러시 능력을 향상시킨다. 시위 운동 때마다 영상팀이 홍보 영상을 제작한다는 청년 실즈 활동가들이 어떤 교육을 받고 성장했는지를 엿볼 수 있는 대목이기도 하다.

창의력의 원천, 디지털 리터러시

글자, 영상, 디지털 등 기호를 매체로 한 의사소통은 모두 문해력과 독해력인 리터러시를 기반으로 한다. 1930년대만 해도 경상남도에 사는 60세 이상 노인들의 문맹률은 86.73퍼센트로 매우 높았다. 그러나 1차 산업인 농업이 중심 산업이었던 시대인지라 문맹은 그다지 문제가 되지 않았다.

현 시대에도 글을 읽지 못하는 아이들은 꽤 존재한다. 난독증의 경우 지능과 관계없이 문맹인 경우가 많다. 그러나 그들도 1930년대 농업이 주업이던 경상남도의 문맹자들처럼 읽고 쓰지 못하는 것이 그다지 문제 되지 않는다. 왜냐하면 디지털 시대 원주민들인지라 생활의 기본이 되는 스마트폰 기능은 모두 능수능란하게 다루고 생필품도 인터넷에서 쉽게 구입해서 사용하면 되기 때문이다.

디지털 시대의 읽고 쓰기는 주로 디지털 미디어 기기인 컴퓨터와 핸드폰의 클릭 기능이 기반이 되므로 문맹과 난독증은 그다지 문제 될 것이 없다.

아이폰의 시리와 같은 인공지능에 의한 음성 서비스도 문맹자들을 읽고 쓰는 불편함으로부터 해방시키고 유튜브나 팟캐스트의 오디오북 서비스 또한 문해력의 부담을 줄여준다. 그러나 그렇다고 리터러시 교육이 필요 없어진 것은 아니다.

새로운 문자와 해독력이 필요하다

이미 4차 산업혁명이 시작된 현대를 살아가려면 디지털 시대 각종 미디어 활용 능력이 곧 사회 참여와 기회로 연결된다는 것을 숙고할 필요가 있다. 이제 모든 학습은 종이책과 종이 노트가 아니라 노트북과 태블릿과 스마트폰을 중심으로 진행된다.

'TED-ed'의 교육용 애니메이션 클립 무료 서비스나 주니어 네이버 역시 같은 맥락이다. 아이들은 스스로 동영상 클립을 편집하고, 4컷 만화를 그리며, 가상 소설을 쓰는 과정에서 자연스럽게 배움을 얻는다. 디지털 시대 원주민인 청소년들의 인성과 창의성은 각종 영상 미디어를 다루는 과정에서 성장한다고 말해도 과언이 아니다. 왜냐하면 포노 사피엔스들의 손에 들려 있는 스마트폰 안에 그들의 생로병사, 희로애락, 관혼상제와 의식주까지 몽땅 들어 있기 때문이다.

스마트폰 자체가 그들의 삶을 기록하고 설계한다. 그렇기 때문에 디지털 기계가 사용하는 언어인 코딩을 알아야 하고, 신세대의 새로운 문자인 사진과 동영상을 효과적으로 사용할 줄 알아야 한다. 일차적으로 아이들은 TV, 스마트폰, 애니메이션과 게임 등 미디어가 제공하는 콘텐츠를 통해 세상과 연결되며 배운다.

아이들은 타인과의 직접적인 접촉보다는 온라인에서 인터넷과 소셜 미디어를 통해 관계를 맺고 소통한다. 직접 말하고 쓰는 것뿐만 아니라 각종 미디어를 통해 자신의 생각을 상대방에게 효과적으로 전달하는 방법을 잘 이해해야 하는 것이다. 그만큼 지금 시대의 미디어를 통한 자기표현 능력은 사회구성원으로서 요구되는 필수 역량이 되었다.

포노 사피엔스는 유튜브나 네이버, 인스타그램과 같은 플랫폼 미디어를 통해 동기부여를 받고, SNS나 블로그와 같은 미디어를 통해 자신의 생각을 표현한다. 세련된 동영상 미디어 전략이 없이는 이제 그들에게 메시지를 전달하기 어렵다. 그리고 그들은 문자 텍스트보다 동영상 텍스트로 학습하는 것이 훨씬 효과적임을 알고 있다.

그러나 가짜 뉴스처럼 진실과 거짓을 판별하기는 쉽지 않다. 그래서 꼭 병행되어야 하는 리터러시 교육이 콘텐츠를 읽고 해석하는 능력과 뉴스를 비판적으로 이해, 분석하는 능력을 포함한다. 유발 하라리가 미래 교육에서는 진실을 알아보는 능력이 포함되어야 할 것이라고 했듯이 가짜와 진짜를 구분해내는 비평적 읽기와 쓰기 교육은 미디어 스타일 융합 라이프스타일 교육의 핵심이라고 할 수 있다.

인문학에 기반한 개별성과 특이성으로 살아남는 세대

스마트폰을 사용하는 포노 사피엔스의 등장 이후 사람들은 24시간 디지털 네트워크에 연결되어 살아간다. 미하엘 엔데(Michael Ende)의 소설 《모모》에 등장하는, 시간을 담배로 말아 피우는 회색 군단이 어쩌면 현대 디지털 문명을 미리 예고했던 것인지도 모른다. 회색 군단은 타자의 시간을 돈으로 사서 담배로 말아 피우며 자신의 삶의 시간을 연장해간다. 페이스북이나 구글, 아마존, 유튜브 등과 뭔가 좀 닮지 않았나? 우리는 플랫폼을 무료로 대여받고 시키지 않아도 열심히 콘텐츠를 채우고 데이터를 제공하는 일개미다. 여왕개미는 플랫폼 관리만 잘하면 유일무이의 지배자가 될 수 있다.

글도 읽고, 이미지도 읽고, 디지털 기기의 조작법도 알아야 누군가의 의도를 제대로 알 수 있다. 상대와 소통하기 위해 디지털 기기로 자신의 생각을 쓰는 것이기 때문이다. 디지털이 개입된 세상을 인문학적으로 이해해야만 인류는 살아남는다. 미디어 리터러시를 포함하는 디지털 리터러시가 중요한 이유다.

사실 기계 리터러시도 이루어져야 할 것 같다. 디지털 기계의 회로도와 알고리즘을 읽어내는 능력은 앞으로 인류에게 닥칠지도 모를 인공지능의 위험을 예방할 수 있는 유일한 예방 교육이 될 수도 있다.

2030년에는 80억 인구 절반의 일자리가 사라지게 될 것이란 전망이 있다. 인공지능은 기계성과 인간다움의 경계를 이미 넘나들고 있다. 시리의 목소리는 너무나 친절하다. 미래 시대 인간이 인간과 소통하고 인간이 기계를 이용하여 보다 나은 삶의 환경을 구성해가려면, 다양한 매체를 이용하여 자신의 새로운 생각을 표출하고 스스로의 특이성을 최대한 끌어올려야 한다. 문화의 생산자로 거듭나려면 이 같은 개별성과 특이성은 필수 불가결한 요소다. 따라서 미래 세대를 위한 창의 인성 교육은 단순하게 창의성과 인성 함양을 위한 것이 아닌,

인류의 생존을 위한 필수과목이 될 것이다.

진실과 거짓을 구별할 줄 아는 직관적 사고와 자신을 표현하고 타자와 소통하는 커뮤니케이션으로서의 예술과 디지털 시대를 읽어나가는 다각적 리터러시 능력이야말로 강한 수준의 인공지능에 대한 위협을 약한 수준에서 견제할 수 있는 지혜가 된다. 비평적 리터러시의 기능인 '그것이 진실인가?', '왜?'라고 묻는 자세와 태도의 중요성은 학습의 본질과도 닮아 있다.

무엇을 공부하고 질문할 것인가

얼마 전 인공지능 기술로 토크쇼에 나온 출연자의 얼굴을 표 나지 않게 조작하는 '딥 페이크' 영상과 함께 가짜 뉴스를 생산하는 미디어의 파괴력이 심각하게 보도된 적이 있다. 딥 페이크 등의 기술을 이용해 가짜 뉴스를 만들어내는 사람들이 100명이면 그것을 찾아내는 기술자는 한 명밖에 없다고 한다. 이것이 우리의 현실이다. 우리가 미래 사회에 일어날 것이라고 생각하는 일들이 이미 일어났거나 지금 우리 현실에서 일어나고 있다.

인공지능의 공격은 이미 시작됐다. 무엇 때문에 공부하는가? 유대인들의 하브루타 교육 방법을 우리 교육에 접목시켜 교육 방법을 다양화시키는 것까지는 좋은 아이디어다. 그런데 그보다 더 중요한 것은 '무엇을' 질문하는가가 되어야 할 것이다. "이제 새로운 시대에 인간은 무엇을 할 수 있고, 무엇을 할 것인가?"라고 질문해야 한다.

교육 방법론을 다양화하는 것보다 더 중요한 것은, "왜 공부하는가?", "무엇을 위해 공부하는가?", "공부가 너에게 어떤 의미인가?", "어떤 가치를 위해 공부하고, 어떤 비전을 위해 공부하는가?"라는 질문에 먼저 답하는 것이다.

아이도, 부모도, 교사도, 우리 사회도 이 질문에 대한 답을 위해 먼저 자신을 깊이 들여다봐야 한다. 자신을 알아가는 것부터가 자신의 스타일을 만들어가는 것이고 자기 일상의 생활양식을 새롭게 만드는 것이다. 자신의 일상과 삶도 비평적 관점의 미디어 리터러시처럼 비평적이고 성찰적으로 읽어낼 수 있을 때 인간은 조금 더 성숙해지고 행복의 근원인 감사의 언어를 나눌 수 있게 된다. 단, 비판과 비평의 간극을 잘 이해한다는 전제 아래서 그렇다.

일상의 변화에 따라 라이프스타일도 변한다

일상은 삶에 영향을 끼친다

라이프스타일은 말 그대로 한 사람의 삶을 관통하는 인생관이나 각자 다른 삶의 양식이나 삶의 패턴을 말한다. 생애 주기는 물론 어떤 사람들과의 관계 속에서 살아가는가? 어떤 지역에서 사는가? 어떤 직업군의 사람들과 함께 일하고 있는가? 어떤 교육을 받았는가? 등에 따라 달라지기도 한다. 그뿐 아니라 가정 안에서 이루어지는 일상이나 개인의 직업에 의한 일상은 한 개인의 삶을 규정 짓기도 한다. 이미 언급한 바대로 부모의 일상이 자녀들에게도 카피되어 자녀의 새로운 라이프스타일을 만들어낸다는 것은 부모를 중심으로 이루어지는 가정의 일상 그 자체가 아이들에게 배움의 중요한 요소가 된다는 말과 같다.

대관령에 자리 잡은 '살바토레 펜션'은 국립수목원에서 지정한 한국의 아름다운 100대 정원에 꼽힐 정도로 아름다운 경관으로 유명하다. 이 펜션의 주인장인 윤 선생님과 아내 유 선생님의 일상은 음악으로부터 시작된다. 윤 선생님이 펜션 카페 벽난로에 불을 지피고 음악을 틀고 새벽 독서를 시작하는 동안 부인은 강릉에 있는 학교로 등교하는 딸아이의 아침을 챙기고 등교 준비를 돕는다.

디자이너와 건축업으로 서울에서 분주하게 일하던 이들의 일상은 대관령으로 삶의 터전을 옮기면서 어떻게 변화되었을까? 그리고 라이프스타일에 어떤 영향을 미쳤을까? 우리의 평범한 일상은 정말 라이프스타일 교육으로서의 역할을 할 수 있을까? 살바토레 펜션 사장님 부부의 이야기를 통해 알아보자.

사계절 내내 자발적으로 바쁘게 살다

윤 선생님은 봄이 오면 정원에 구근을 심어 꽃을 키우는 일을 시작한다. 여름이 되면 아름다운 정원을 찾아오는 손님들과 어울려 꽃 사진 찍기에 빠져든다. 덕분에 사진 기술도 스스로 익히고 배웠다. 산속을 거닐며 나무나 야생화 이름이 궁금해져서 혼자 공부를 해서 이제는 식물들의 라틴어 학명까지 줄줄 외울 정도다. 학창 시절 하지 않던 공부를 자발적 동기에 의해 하다 보니 숲과 식물에 대한 학습 능률이나 전문성은 가히 놀라울 만큼 깊다.

패밀리 비즈니스로 펜션을 운영하다 보니 음악도 더 깊이 있게 듣게 되었다. 카페 공간은 펜션 손님들을 위해 열린 공간이기도 하거니와 윤 선생님이 사랑하는 오디오와 음악과 커피를 즐기기에 최적의 공간이 되어준다. 가을이 오면 '평창국제음악제'를 홍보하는 일로 바빠진다. 손열음 감독과 같은 음악가들과 교류하며 삶이 100퍼센트 팽창하며 즐거워지는 경험을 한다. 펜션 홍보보다 '평창국제음악제' 홍보에 더 열정적이라는 말을 들을 때 기분이 좋다.

겨울에는 승마와 스키가 일상이다. 동계 올림픽 같은 스포츠 행사가 있을 때면 동네 이장님의 트럭을 타고 막걸리와 어묵탕을 싣고 찬바람 쌩쌩 부는 썰렁한 경기장으로 선수들 응원을 나간다. 이런 라이프스타일이 새롭게 만들어진 것은 불과 10여 년 전 대관령을 만나면서부터다. 서울에서 생활할 때는 상상하지도 못했던 삶의 기쁨들이 대관령에서 자연과 더불어 살면서 새로운 일상을 만들고, 그 일상이 놀라운 배움이 되고 또한 새로운 라이프스타일이 되었다.

루이비통 보스턴백을 5일장 장바구니로 쓰며 유유자적하다

서울에서 디자이너로 일하던 아내 유 선생님은 딸아이가 아빠와 함께 등굣길에 오르면, 손님들 아침 식사를 준비하고 모종판에 파릇파릇하게 올라온 새싹에 물을 준다. 처음엔 대관령에서 펜션 사업을 하겠다는 남편의 선언에 결사반대하였으나 이제는 식물들이 싹을 틔우고 꽃을 피우는 자연의 마법에서 풀려날까 겁이 난다.

모든 사람은 시골 사람이 되어야 한다는 삶의 철학이 자신도 모르는 사이에 강한 신념이 되었고, 봄에는 쑥과 민들레로 식탁을 꾸미고 여름에는 이장님 댁 채소밭에서 열무를 뽑아 김치를 담근다. 꽃을 심고 싹을 틔우는 과정을 기록하려고 사진도 배웠고, 진부에 있는 5일장에 다니러 갈 때는 서울에서 직장 다닐 때 들었던 루이비통 보스턴백을 장바구니로 이용하며 리디자인(redesign)에 대한 새로운 개념을 만들어내기도 한다.

옷차림은 마치 고등학교 시절로 돌아간 듯, 별다른 고민 없이 체육복이나 몸빼형 냉장고 바지를 유니폼처럼 단순하게 입는다. 덕분에 너무 자유롭고 행복하다. 친구들을 만나지 못해도 심심할 틈이 없다. 남편과 산책하거나 '평창국제음악제' 홍보 일을 함께 도우며 음악을 즐긴다. 또 동네 어른들 댁에도 놀러가고, 가족들과 집수리도 하고 버섯도 따고 음식도 함께 나누며 하루를 꽉 채워 산다.

사람들과의 관계나 삶을 단순화시키는 것이 얼마나 중요한 일인지를 스스로 깨쳐 배우고 있다. 그야말로 학습의 정점인 자기 주도적 자율학습이다. 자연 속에 깃든 자신의 삶이 행복하고 시골 아낙이 되어 있는 자신이 자랑스럽다. 서울에서 디자이너로 일할 때는 상상하지도 못했던 라이프스타일의 일대 변혁이다. 그래서 하나뿐인 딸아이도 원예학과나 조경학과, 생명공학과 등에 입학해서 대관령의 자연과 함께 평화롭고 아름다운 삶을 살아갔으면 하는 바람이 생겼다. 강요가 아닌 소망으로 이 바람을 위해 기도한다.

자연이 가져다준 가족의 변화

살바토레 펜션 가족들은 주거지가 변하면서 라이프스타일도 크게 변했다. 서울에서 지낼 때 가족들의 생활은 여느 도시 가족의 생활과 다르지 않았다. 핵가족으로 살며 서로 일에 쫓겨 얼굴 보기 힘들게 살았다. 일상은 늘 바쁘게 돌아갔고, 먹는 것도 간편식과 인스턴트 위주로 해결했다.

대관령에서는 삼대가 함께 한 집에서 생활한다. 시골 삶은 가족이 많을수록 좋다. 서로가 서로에게 힘이 되어주는 일이 매우 자연스러운 곳이기 때문이다. 삼대가 함께 살자 생활이 훨씬 활기차고 재미있었다. 대가족이 아이들에게 정서적으로, 심리적으로 안정감을 줌은 더 말할 나위도 없다. 아이가 훨씬 단단하게 크고 있음을 느낀다고 두 부부는 말했다.

밥상에 오르는 반찬도 크게 바뀌었다. 제철 나물과 버섯 그리고 배추, 감자, 양파, 브로콜리 등 직접 재배한 제철 채소들을 주로 먹는다. 이웃끼리 음식을 나누고 채소는 텃밭에서 자급자족해서 먹는다. 시골 사람들이 더 많이 건강한 이유가 식생에 있음을 이곳에 와서 직접 체감하고 있는 중이다.

출근할 때 입던 세미 정장이 필요 없어진 것도 큰 변화다. 옷이 필요 없어지자, 옷에서 비로소 자유롭게 되었다고 유 선생님은 말했다. 요즘은 체육복이 주 스타일이다. 겨울에 밖에서 바비큐를 구울 때는 밍크코트를 꺼내 입는다. 명품에 더 이상 집착하지 않고 옷을 옷의 기능 그대로 입게 되면서, 유 선생님은 탈자본주의를 자연스레 실천하고 있었다.

아파트 생활과 이곳 생활의 다른 점은 유지 보수의 어려움이라고 두 부부는 입을 모았다. 목조 주택이라 유지하고 보수하는 데 어려움이 있지만, 대체로 가족들이 같이 하므로 이제는 가족들의 소일거리가 되었다. 오히려 외장 페인트 바르기나 데크 수선 등을 합심해서 같이 하면서 가족애가 더 돈독해지고 대화가 늘었다.

문화생활은 시골에 내려와서 더욱 풍부해졌다. 마음의 여유가 생기니 시간을 더욱 자유롭게 쓰고 원하는 것에 집중하게 되었다. 사계절에 따른 지역 축제가 있어 즐길 거리도 풍부하다. 서울까지 가서 서점에 들르거나 보고 싶었던 공연을 보는 일도 예전보다 훨씬 자주 한다.

서울에서 두 부부의 취미 생활은 재즈 음악과 현대 음악을 듣는 것이었다. 여가도 전시장 찾는 것 정도가 전부였지만, 이곳에서는 다르다. 대관령의 풍경인 느림과 어울리는 클래식 음악을 듣는다. 평창국제음악제의 자원봉사를 하게 된 것도 자연과 함께하는 음악제를 보면서 지역 주민으로서 일조하고 싶은 생각이 들었기 때문이다. 봉사를 하면서 윤 선생님은 새로운 자신의 정체감을 확인했다고 전했다.

"평창국제음악제는 나의 삶을 보다 더 음악적이고 예술적으로 변화시켰어요. 음악과 독서, 정원 가꾸기, 승마, 식물의 식생, 펜션을 찾은 다양한 사람들과 대화하는 티타임 자체가 라이프스타일이 되었지요."

유 선생님은 처음에는 귀농을 반대하셨다고 한다. 그러나 지금은 전원생활의 적극 옹호자로 변화했다. 유 선생님은 스스로를 시골 아줌마라 칭하며 시골살이의 즐거움을 만끽하는 중이다.

〈아웃오브 아프리카〉와 같은 영화 속 꿈에 불과하던 두 부부의 자연관이 가히 충격적으로 바뀐 것도 큰 변화다. 자연에서 직접 생활해 보니 헨리 데이비드 소로(Henry David Thoreau), 스콧 니어링(Scott Nearing), 법정 스님 등이 왜 모든 것을 자연 뒤에 두고 살았는지를 알게 되었다. 돋아나는 작은 싹을 보는 것만으로 자신이 살아 있음을 느끼며, 야생화와 같은 작은 것에 감사하고 만족하는 일은 인생관 자체를 바꿔놓는 자연의 신비에 가깝다고 두 사람은 말했다.

교육관도 크게 바뀌었다. 도시 생활의 라이프스타일과 시골생활의 라이프스타일의 가장 큰 차이점이라면 교육관이 바뀐 것이라고 두 부부는 입을 모은다. 예전 도시에 살 때는 꾸준히 공부 잘하는 아이로 자라기를 바랐다. 그러나 이곳에서는 자기 주도적 학습의 중요성과 자연이 주는 배움의 효과를 절감한다. 아이를 진짜 사람으로 키우는 것 같은 생각이 든다.

"꽃과 나무, 동물과의 교감이 이곳에선 불혹이 지난 우리에게도 새로운 감성으로 다가와요. 감수성이 쑥쑥 자라나죠. 이런 자연으로부터 배울 수 있는 기회를 어린아이들에게도 주었으면 좋겠다는 생각이 들었어요. 딸아이를 대관령에서 자라게 한 것은 부모로서 참 잘한 일이라는 생각이 듭니다."

윤 선생님 부부의 딸아이 역시 대관령 생활을 좋아한다. 도시에서와 달리 생태환경이나 생명공학, 조경학과 쪽으로 일찌감치 진로를 잡아 공부 중이다. 나중에 대관령에서 정원을 가꾸며 가업을 잇고 싶다는 생각을 한다고, 윤 선생님은 말해주었다.

두 부부의 간단한 답변만으로도 변화된 일상 세계는 삶의 양식을 바꿀 뿐만 아니라 자기 주도적이며 강한 동기 유발로 학습자 스스로의 학습을 유발시킨다는 것을 알 수 있다. 아이를 교육하기에 앞서 부모가 먼저 변화된 일상 속에서 새로운 배움을 찾아 나서고 새로운 학습자가 된 것이다. 만약 교육이 아이들을 지식의 생산자나 문화의 생산자로서 변화시켜야 그들이 미래 사회의 주역이 될 수 있다면, 일상의 변화에 따른 삶의 기술을 배우는 일이야말로 그 첫 번째 과제가 될 것이다. 미래를 대비하는 배움이야말로 새로운 지식과 문화의 생산자로 성장시키는 원동력이 될 수 있다.

부모의 라이프스타일과 자녀 스타일의 함수 관계

우리의 일상이 교육이 될 수 있다는 것은, 바로 우리 삶의 태도와 자세가 라이프스타일의 근간을 이루기 때문이다. 그렇기에 진지하고 균형 잡힌 라이프스타일을 가지고 가정생활을 유지하는 부모들은 그 자체로 훌륭한 교사임이 분명하고 라이프스타일의 변화에 따라 배움도 달라지는 것은 순리임을 알 수 있다. 새로운 지식을 생산한 부모는 그 지식을 자녀에게 다시 전수하게 되고 아이의 앎과 삶도 동시에 변화한다.

살바토레 펜션을 비롯한 다른 여러 가정들의 사례를 보면서, 부모의 라이프스타일이 아이들 삶의 자세와 스타일에 어떤 영향을 미치는지를 다시 한 번 확인해보자. 물론 여기에서는 긍정적인 영향력을 중심으로 기술하는 데 중점을 둘 것이다. 하지만 부모의 라이프스타일이 부정적인 요소로 많이 구성되어 있을 때도 아이들은 부모의 라이프스타일 때문에 상처받고 불행하면서도 부모가 물려준 삶의 패턴에서 쉽사리 벗어나지 못한다. 가정의 일상에서 반복적으로 보고 배운다는 것은 그만큼 강력한 학습이다.

부모들이 끊임없이 성찰하고 새로운 배움을 얻기 위해 다양한 활동들을 하는 것이 왜 중요한지, 라이프스타일 교육이 왜 중요한지를 다음의 여러 사례를 통해 소개해본다.

사례1 : 각자 독립적 생활을 하는 부모

부모가 각각 다른 집에서 독립된 생활을 한다. 엄마는 개방적이고 사교적이며 추진력이 강하고 문화예술적 취향이 남다르다. 아빠는 인문학자로 비교인문학을 강의하며 교육에 남다른 관심과 열정이 있고 낚시와 자연을 좋아한다. 아빠는 한 가지에 꽂히면 무서운 집중력을 보여주는 면이 있다.

아이는 엄마랑 함께 살며 라이프스타일의 대부분을 교육받았으며 패션은 물론 문화예술적 취향도 엄마 중심으로 키워졌다. 아빠와는 영어 공부와 인문학 공부를 많이 하며 사회적 신화에 매몰되지 않는 주체적 삶에 대해 많은 이야기를 나눈다. 독립적이고 주체적인 삶의 태도를 부모의 갈등을 통해 스스로 공부했으며, 직관적으로 살아가는 삶에 관심이 많고 패션, 여행, 예술, 경제, 관계, 창작, 출판, 영상 등 다양한 분야에 걸쳐 활동하며 큰 비전을 가진 리더 스타일이다.

사례2 : 활동적인 과학자 부모

부모가 함께 사는 가정이다. 인공지능을 연구하는 과학자 부부다. 두 분 다 다독가로 10년 이상 다양한 독서 모임을 이끌고 있다. 음악과 춤에도 조예가 깊고, 놀이를 직접 만들어 즐긴다. 아이들과 토요학교라는 가족 홈스쿨링 프로그램을 만들어 몸소 실천하고 있으며, 독서와 음악, 스포츠 등 다양한 활동은 물론 체험활동도 많이 한다. 매일매일 일상을 꼼꼼히 기록하는 습관을 가졌다.

피아노를 좋아하는 큰아이는 음계의 다양한 소리 색을 구분하고 즐길 정도로 음악에 심취해 있으며 수학 문제 하나를 풀어도 아름답게 풀고자 나름의 아이디어를 내서 푼다. 아빠와 자전거 타기를 좋아하고 동생과도 피아노로 함께 놀기를 즐긴다. 주말엔 집 안에 꽂힌 책장에서 책 찾기 놀이도 많이 한다. 정적인 편이나 동적인 활동도 즐기는 전인적 융합 천재 스타일이다.

사례3 : 자율성을 중시하는 교수 부모

부부가 함께 사는 가정이다. 부부가 모두 교수인데, 따로 국밥처럼 서로에게 자율을 보장하고 아이들도 마찬가지로 자율적으로 키웠다. 외국어와 문학과 역사를 즐겨 공부하고 손수 담은 술로 삶의 순간들을 즐기며 시를 쓰고 낭송하는 것을 즐긴다. 요리를 개발해서 친구들과 장거리 여행을 즐기면서 허세에 찬 삶에 저항하는 자칭 골수 좌파 풍류 부부다. 다른 가정과 달리 부부의 젠더 구분 없는 평등한 관계와 가사노동 분담과 자유로운 육아 스타일이 특징이다. 다양한 취미 활동으로 삶의 영역을 넓히며 즐긴다.

큰아이는 부모의 국제적이고 자유분방한 라이프스타일을 이어받았다. 외국에서 길거리를 지나다니는 사람들에게 자연스럽게 말을 거는 방식으로 회화를 터득했고, 자유로운 연애로 영어와 중국어를 마스터했다. 지금은 외국 여성과 결혼하여 함께 국제적인 비즈니스를 하고 있다. 막내는 비보이가 되기 위해 맹렬히 연습에 매진하다가 삼국지를 패러디한 학급 소설이 인기를 얻자 글쓰기에 빠져들었다. 이후에는 스위스로 유학을 다녀왔고, 귀국 후에는 골수 좌파 부모님의 정치 성향을 물려받은 덕에 방송국 정치부 기자로 들어갔다. 지금도 세계 각국의 친구들을 만나기 위해 짬짬이 해외를 드나들며 사는 자유로운 영혼으로 융합 전인 스타일이다.

사례4 : 엄마 혼자 두 아들을 키우는 가정

엄마가 혼자 키우는 가정이다. 엄마는 예술가로 세계 여행을 다니다 두 아이의 엄마가 되었고 혼자서 다양한 문화 활동으로 강의를 하며 두 아들을 키운다. 열린 사고로 모험에 뛰어들고 위험한 삶을 살기에 일상이 모두 창조적이다. 단돈 300만 원으로 고향에 있는 땅을 사서 집을 지었고, 그 덕에 마을의 어르신들이 함께 아이를 키워준다. 강의를 나가는 날에는 동네 어른들이 아이들의 밥을 먹이고 잠도 재운다. 동네 어른들의 전통 기술을 교육 프로그램으로 하여 농어촌 캠프도 진행한다.

두 아이는 엄마를 닮아서인지 주로 그림을 그리며 논다. 생선 좌판이나 철물점을 그림으로 그리고 오려서 상점 놀이도 하고, 집 앞 공터에 아주 작은 논을 일궈서 1년 농사를 짓는다. 동네 할머니 할아버지 일을 도우면서 농사일을 비롯해 이것저것을 배운다. 먹고 자는 것쯤은 어디서든 문제없고, 자신들이 좋아하는 붕어를 키우는 연못도 스스로 만들고 냉이도 캐서 반찬을 올린다. 도시보다 자발적으로 활동하는 시골 생활에 더 잘 적응한다. 모험과 실험을 가차없이 즐기는 창조적인 스타일이다.

사례5 : 봉사활동을 중시하는 기독교인 부모

부부가 함께 사는 가정이다. 독실한 기독교인들로 남편은 직장과 교회 생활이 전부이고, 아내는 가정과 교회 생활이 전부다. 이 두 부부의 특징이라면, 지능이 조금 낮은 아들을 데리고 해외 선교 여행을 다니며 삶의 자극을 주는 것이다. 두 분 다 모든 생활에서 성실하고 헌신적이며 봉사를 많이 한다. 항상 밝은 표정으로 웃으며 일한다.

아이는 쾌활하고 학습에는 의욕이 없으나 친구 관계가 매우 좋다. 사람들에게 자신이 가진 것을 나눠주는 것을 큰 기쁨으로 느끼며 누군가를 돕는 봉사활동을 좋아한다. 해외 선교활동 시 외국인들에게 마음을 활짝 열고 쉽게 다가가 선교를 원활하게 해주는 재주가 있고 부모님처럼 편안하게 잘 웃는 구김살 없는 스타일이다.

사례6 : 자녀를 믿고 존중하는 부모

부부가 함께 사는 가정이다. 아빠는 금융업에 종사하고 엄마는 전업 주부다. 아빠는 차분하고 말수가 적은 전형적인 기업인의 모습이다. 유일한 취미는 골프와 가끔 가는 가족 여행. 엄마도 조용한 편이나 본인의 소신을 굽히지 않는 성격이며 추진력이 있다. 아들이 차를 좋아한다며 남편의 반대에도 고급 수입차를 사주고 아들이 그를 기반으로 블로그 활동을 하면서 창업하는 데 결정적인 역할을 했다. 두 분 다 자녀를 무조건 믿고 자녀들 의사를 우선적으로 존중한다.

아들은 외국에 있는 의대를 다니면서 자신이 좋아하는 자동차와 관련된 아르바이트를 하면서 블로그 활동을 했다. 특히 블랙박스가 처음 나왔을 때 사용 후기를 올려서 사람들의 관심이 폭발하는 것을 보고 블랙박스 사업에 뛰어들어 불과 26세에 북미 지역 최고의 블랙

박스 온라인 쇼핑몰을 만들었다. 유통 구조를 분석하여 택배비의 혁신을 이끈 성과였다. 음악, 미술, 문학 등 취미가 다양하며 특히 카 레이싱을 무척 좋아한다. 조용하지만 성취 목표가 있으면 불도저처럼 강하게 밀어붙인다. 목소리가 차분하며 친화력이 남달라 상대를 잘 설득하는 스타일이다.

사례7 : 자녀의 말에 귀 기울이는 현명한 부모

부부가 함께 사는 가정이다. 아빠는 교수이고 엄마는 유치원 영어 선생님으로 기독교 신앙이 깊다. 아빠는 연구와 스포츠라는 두 개의 특징을 가지고 있고 혼자 노래 부르기가 취미다. 엄마는 문화예술과 언어 모든 방면에 소질이 있고 품격 있는 취향을 가지고 있으나 아이들 공부에 관해서는 대치동 어머니들 못지않은 열정을 가지고 있다. 두 분 다 가족과 이웃에 봉사하고 헌신하는 삶을 살고 있으며 자녀들의 말에 귀 기울이며 기도하는 현명함이 있다.

아이들은 부모의 바람과 달리 자신들의 길을 열심히 찾아간다. 나이와 시기를 가리지 않고 자신들의 소신대로 과감히 그만두고 다시 시작한다. 포기하지 않고 자신들이 원하는 길을 꾸준히 간다. 큰아들은 범죄심리학을 공부하다 그만두고 건축학을 공부하고 있고, 둘째인 딸은 미국 육군사관학교에 입학했다. 셋째는 엄마의 반대에도 기독교 음악을 작곡하는 뮤지션으로 성장 중이다. 요즘 유튜브를 위한 영상 작업도 한다. 아이들 모두 특정 가치에 매이지 않고 자신들의 니즈를 기도를 통해 관철하고 알아가는 개척자 스타일이다.

사례8 : 아이와 함께 놀아주는 키덜트 아빠

부부가 함께 사는 가정이다. 아빠는 교사인데, 레고 광이다. 중학교 때부터 조립한 포크레인 레고 등 희귀 아이템을 많이 가지고 있다. 패션에 매우 민감하여 빨강 바지에 가죽점퍼를 입고 머리를 샛노랗게 물들이는, 보기 드문 교사다. 정의감이 뛰어나고 학생들의 선도를 위해서는 지옥불로 뛰어드는 지장보살의 용감함을 보여준다. 레고 중장비를 실물로 몰 수 있는 중장비 자격증을 따서 그것으로 퇴직 후 자신의 집을 직접 짓는다는 목표를 가지고 있다.

아이들은 아빠가 학창 시절 조립해놓은 고가의 레고를 부수어서 가지고 논다. 큰아이는 포크레인 기사가 꿈이고, 작은 아이는 레고 블록 대회에서 우승하는 게 꿈이다. 아빠와 레고로 노는 것을 가장 재미있어 한다. 아빠처럼 멋진 사람이 되고 싶은 창의적인 멋쟁이 스타일이다.

사례9 : 가족 위계가 평등한 가정

부부가 함께 사는 가정이다. 아빠는 시인이자 사진가이며 교육자다. 엄마는 요가 강사로 다재다능하다. 아빠는 다양한 창작 활동을 쉴 새없이 하고 엄마는 전시회나 출판 등을 지원한다. 가족의 위계가 무척 평등하고 서로 봉사하고 헌신하는 것이 사랑임을 안다. 집 안을 아빠의 사진 작품을 거는 전시 공간과 엄마의 요가 수업 공간으로 적극 활용하며 상호 협력하는 가풍을 보여준다.

큰아이는 어려서부터 글을 쓰고 책을 냈으며, 다양한 예술 활동을 한다. 둘째 아이는 외국어에 탁월한 소질이 있으며 요리를 전공하고 대화하는 데 남다르다. 막내는 전문 밴드 활동을 하며 음악으로 삶을 살아가고자 준비한다. 아이들 모두 어려서부터 다양한 활동을 경험하며 본인이 원하는 삶을 위해 서슴없이 새로운 길을 나서는, 자주적이고 독립적인 예술가 스타일이다.

사례10 : 소통이 원활하지 않은 쇼윈도 부모

부부가 함께 사는 가정이다. 아빠는 온순하고 부드러운 성격으로 사회적인 인지도가 높은 반면 엄마는 사회적인 인지도도 높고 멋진 스타일임에도 열등감이 많고 자기 고집이 강한 편으로 〈스카이 캐슬〉의 한서진과 비슷한 캐릭터다. 서로 다른 성격 때문인지 부부 사이에 소통이 원활하지 않다. 대표적인 쇼윈도 부부라고 할 수 있다. 부부가 서로 이런 불행한 상황을 상대의 잘못으로 인식하며 늘 상대를 탓한다. 그리고 이런 태도가 아이에게도 전해져 아이를 극단적으로 비난하거나 과장되게 칭찬하는 등 일관성 없는 양육 태도를 보인다. 과도한 물질적인 선물로 보상하려는 경향도 강하다. 아이를 통해 스트레스를 해소하는 스타일이다.

아이는 매우 명석하고 똘똘하며 감각도 뛰어날 뿐만 아니라 멋진 외모와 스타일을 가지고 있다. 다만 문제라면 자기 자신만 자신을 인정하지 않는다는 것이다. 자신을 죽이고 싶을 만큼 아이의 자존감은 낮고 자기 확신이 없다. 성적, 외모, 대인관계 등 모든 것에 열등감을 느끼며 스스로 사회로부터 자신을 격리시킨다. 자신의 열등함을 타자에게 들키고 싶지 않은 탓이다. 화려한 외모는 하나의 가면이고 공부를 하는 것도 타인의 인정이라는 가면을 쓰기 위함이다. 자신도 자신의 진실과 거짓을 구분하지 못하고 남 탓을 많이 한다. 항상 문제는 남에게 있다고 생각한다.

사례11 : 타인의 시선에 민감한 가정

부부가 함께 사는 가정이다. 상류 계층이라고 불릴 법한 사회적 지위를 가지고 있는 부부다. 아빠는 매우 스마트하고 능력 있는 엘리트이고 엄마는 매우 예쁘고 재주 많은 재원이다. 둘 다 어려서 사별과 이혼으로 부모로부터 받은 상처가 깊어 성인이 된 이후에도 그 상처에서 빠져나오지 못하고 있다, 아이를 잘 키워야 한다는 강박이 크고, 동생들 때문에 자신이 부모로부터 희생당했다는 피해의식이 심해서 큰아이와 작은 아이를 극단적으로 차별하고 큰아이를 구박한다. 표면적으로는 남들이 다 부러워하는 가정이라는 것이 둘 사이의 아픔을 더 깊게 한다. 남들 시선 때문에 헤어질 수도 없다. 그래서 몸싸움을 하며 격렬하게 싸운다. 결국 가정은 전쟁터가 되고 네 명의 가족 모두가 한 집안에서 서로를 이해하지 못하는 외로운 섬으로 지낸다. 함께

하는 것이 큰 고통이다.

둘째 아이는 엄마 아빠로부터 과도한 사랑을 받는다. 그러나 전혀 행복하지 않다. 자신이 받는 사랑이 병적이라고 느낀다. 하지만 한편으로는 편리하긴 하다. 혼자서 사랑도 물질도 모두 독식하기 때문이다. 심지어 주스 한 잔을 마셔도 유기농 생과일 주스를 마시고 나머지 가족은 대용량에 든 희석식 주스를 마신다. 사람들과 말을 잘 섞지 않는다. 이유는 표면적으로 화려하고 멋진 가족의 진실을 들키고 싶지 않기 때문이고, 다른 사람들에게 말해도 이해받지 못할 거라는 생각 때문이다. 내성적이고 자신감이 없으며 항상 다른 사람이 자신을 어떻게 생각할까 불안에 시달린다. 불안 때문에 학습에도 집중하기가 어렵다. 그러나 공부를 하지 않으면 엄마의 히스테리 때문에 더 힘들어지기에 죽지 못해 한다. 삶이 항상 죽음과 삶의 경계에 있다. 큰아이처럼 집을 떠날 계획을 할 때가 가장 편안한 시간이다.

사례12 : 가정폭력이 심했던 아빠의 영향이 큰 가정

사별한 가정이다. 사망한 아빠는 일용직 노동자로 알코올중독에 가정폭력이 심했고 엄마는 보험 일을 하며 실질적인 가족의 생계를 책임졌다. 아빠의 심각한 가정폭력에 엄마가 집을 한동안 떠났다가, 아빠의 사망 이후 아이와 둘이서 가족을 이루고 살고 있다. 엄마의 성격은 온순하고 인정이 많지만 가정을 끝까지 지키지 못했었다는 죄의식이 강하고 남에게 싫은 말을 하지 못하는 성격이다.

아이는 머리도 좋고 감각도 뛰어나다, 그러나 사람에 대한 불신으로 눈이 번득인다. 다섯 살 때 엄마가 가출한 뒤 아빠의 알코올중독과 폭력을 혼자서 견뎌야 했고, 온갖 술 심부름과 욕을 먹고 자라야 했다. 머리가 매우 좋고 인정도 있으나 피해의식이 너무 강하다. 아빠 사망 후에 엄마가 집으로 돌아온 것이 기쁘고 엄마가 좋지만, 엄마라고 부르지 못하고 대신 심한 욕으로 부른다. 그렇게 함으로써 자기를 악마 같은 아빠에게 버려두고 나간 엄마에 대한 분풀이와 자기를 버린 엄마임에도 엄마를 그리워하고 좋아하고 사랑하는 자기 자신에 대한 혐오와 분노를 달랜다. 사람들에 대한 피해의식이 많아서 누구에게도 진심으로 자신을 드러내지 않고 공격적인 언사와 거짓말을 많이 하고 최대한 상대를 이용해서 이익을 취하려 한다. 친구를 직접 때리지 않고 다른 친구를 시켜서 폭력을 행사한다.

사례13 : 이혼한 고학력자 아빠

이혼 가정이다. 아빠는 고학력자이나 매우 독단적이고 이기적인 성격으로 여자를 무척 좋아한다. 자격지심과 피해의식이 많아서 사회적으로 존경받는 위치에 있음에도 상대가 자신을 공격한다고 생각하고 아이들과의 대화도 아빠를 무시한다고 생각하며 폭력을 자주 행사한다. 엄마는 인품이 매우 훌륭한 사람으로 스스로 마음공부를 하면서 아빠의 바람기와 폭력성을 견디면서 자녀들에게 충분한 사랑을 주고 신뢰를 주며 키웠다. 살림이 넉넉지 않아도 봉사를 많이 하며 더 긍정적인 삶을 산다. 이혼 후 엄마는 더욱 행복해졌고 아이들과 셋이서 새롭게 꾸민 가정이 너무 행복하고 즐겁다.

아빠의 독단적이고 뻔뻔함은 물론 자주 반복되는 폭력 때문에 숨쉬기가 힘든 공황을 겪었지만, 아빠가 집을 나가면서 편안해지기 시작했다. 엄마 아빠의 이혼 전엔 아빠의 폭력을 피하기 위해 방에 틀어박혀 공부만 했고, 이혼 후 안정을 되찾으면서부터는 공부가 재미있어져서 서울대에 갔다. 이혼 후 엄마의 봉사활동과 긍정적인 삶의 태도를 보면서 삶이 행복해졌고 엄마가 죽을지도 모른다는 불안감을 벗으며 숨쉬기가 쉬워졌다. 엄마와 책을 함께 읽으며 이야기를 나누고 자극을 받은 것도 삶에 안정감을 찾는 좋은 영향이었던 것 같고 엄마가 일을 하시면서 만나는 고객들의 사는 이야기들이 자신의 삶을 긍정하고 자신감을 갖게 하는 데 도움을 줬다. 혼자 방에만 틀어박혀 공부하면서 지루할 때 읽었던 책들이 삶의 방향을 잡고 살아가는 데 많은 도움이 되었고 반듯한 삶의 비전을 갖게 한 것으로 보인다. 이제는 아빠를 원망하기보다 그런 아빠 때문에 자신이 독서와 공부에 매진할 수 있었다고 긍정적으로 생각할 정도가 되었고, 삶을 다방면으로 즐기며 살아가는 라이프스타일을 갖게 되었다. 현재 외국 기업에 근무하며 세계 각국으로 출장을 다닌다. 이렇게 여행과 취미생활을 병행하며 살아가는 노마드적 라이프스타일이 마음에 맞는다.

• 3장 •

라이프스타일의 필수 요소, 의식주부터 시작하라

패션은 말한다

당대의 욕망을 담는다

라이프스타일은 곧 의식주로 대표된다. 그 가운데 의생활은 패션으로 자기 삶의 자세와 방향과 태도를 표현하는, 현대 생활에서는 매우 대표적인 자의식의 표현 양식이라고 할 수 있다. 한 인간의 삶을 구성하고 있는 모든 스타일이 '패션'이라는 한 글자에 요약될 수 있는 것이다.

새로운 패션 스타일의 등장은 당대의 정치, 경제, 사회, 문화, 과학기술 같은 다양한 요소와 상호 작용을 대변한다. 70년대 한국의 젊은 이들을 강타한 청바지와 미니스커트 열풍은 당대의 시대 문화와 시대정신을 빼고는 해석할 수 없다.

비키니 수영복이나 몸빼처럼 새로운 패션 스타일의 등장에도 시대가 요구하는 필요조건이 늘 함께했다. '몸빼'는 1940년 한국 여성들의 노동력을 전시 체제에 맞게 착취하기 위한 일제의 정치적 전략이었다. 비키니는 전쟁으로 물자가 귀해지자 최소의 천 조각으로 수영복을 만들기 위한 전략으로, 1946년 당시 핵실험이 이루어졌던 비키니섬 이름을 따서 폭발적으로 많이 팔리라는 의미에서 '비키니'라는 이름을 붙였다고 한다.

그런가 하면 나일론 스타킹을 세상에 출현시킨 것도 전쟁이었다. 폭탄을 만들어 팔던 듀폰사는 죽음의 사자라는 여론을 무마하려 서민들을 위한 값싼 나일론을 발명했고, 1940년에는 스타킹을 제작 판매하여 완판을 기록했다.

이렇듯 패션이란 인간 개개인의 생각과 욕망을 담아내기도 하며, 사회, 경제, 정치적인 변화를 반영하기도 한다. 그래서 패션 스타일은 곧 라이프스타일이며, 언어 다음으로 자신을 표현하는 중요한 기호가 된다.

스티브 잡스와 타샤 튜더의 패션 언어

세계적인 패션 디자이너 이세이 미야케(三宅一生)의 검정 터틀넥과 리바이스 청바지 그리고 뉴발란스 운동화를 신었던 스티브 잡스의 패션에도 자기만의 언어가 있었다. 잡스가 기계적이리만치 늘 같은 옷을 입었던 것은 옷을 고르는 시간에 연구에 더 많은 시간을 투자할 수 있고 세상의 변화에 더 많이 기여할 수 있다는 자기 철학에 기반한 것이었다. 잡스 사후에 출간된 월터 아이작슨(Walter Isaacson)의 《스티브 잡스》(안진환 옮김, 민음사, 2015)에는 1980년대에 일본 소니사를 방문한 잡스가 소니 직원들이 입었던 유니폼을 보고 소니의 혁신성을 따라 하고자 그들의 터틀넥 유니폼을 도입했다는 이야기도 나온다.

동화, 삽화 작가 타샤 튜더(Tasha Tudor)는 20세기를 살면서도 19세기 고전 의상을 주로 입고 생활했다. 그녀는 자신의 옷에 맞춰 삶의 공간은 물론 19세기의 생활방식을 고수하며 살았다. 직접 염소를 길러 우유와 버터를 만들고, 밀랍으로 초를 만들어 사용했으며 직접 기른 야채와 구식 철제 오븐에서 구워낸 쿠키를 먹었다. 타샤 튜더의 옷 입기는 자연 속 조화로운 존재가 되는 것이 목표였다.

옷을 입는다는 것은 이렇듯 자신의 삶의 철학이 투영된 자기만의 라이프스타일을 만드는 중요한 역할을 한다. 그래서 패션은 단순한 소비가 아닌 자신의 삶의 비전이나 목표를 표현하는 명확한 표현 수단이 되는 것이다.

자기 인식 수준이 높은 사회일수록 자기만의 개성적인 옷차림에 당당하다. 독서량이 세계적인 일본인들의 옷 입기는 가히 자기주장에 가깝다. "나 이런 사람이야! 어쩔 건데?"라며 덤비는 수준이랄까? 타인이 보기에 난해하거나 촌스러울 수도 있지만 적어도 자기 삶의 주인으로서 자신의 라이프스타일은 자신이 만든다는 멋스러움이 있다. 이는 바로 패션 스타일을 통한 라이프스타일 교육의 핵심이다.

아이들은 옷을 좋아해도 '너~~~ 무' 좋아한다. 내가 연극반을 지도하던 때의 일이다. 의상과 세트를 직접 제작해서 무대에 올렸는데, 한 작품을 연출해서 완성해가는 것도 재미있었지만, 무대의상과 무대세트를 제작하는 재미는 또 다른 경지의 즐거움이었다.

특히 〈전하〉라는 작품을 연출할 때는 조선시대 왕과 대신들의 옷을 부직포에 크레파스로 그림을 그려 만들었는데, 놀랍게도 완성된 결과물이 정말 임금님이 입는 황룡포 같았다. 임금 배역을 맡은 배우를 세워놓고 부직포를 몸에 대고 잘라 스테이플러로 대충 대충 박아서 만든 것이었는데도 효과가 기가 막혔다. 특히 원단감이 절정이었는데 크레파스로 운문을 그려 넣은 것이 진짜 비단의 느낌을 제대로 살려주었다.

아이들은 신이 나서 그 더운 여름에도 부직포로 만든 임금 옷을 입고 전교를 돌아다녔다.

내가 지도한 연극반은 처음 출전한 대회에서 장려상을 받았지만, 연극반 아이들에게는 엄청난 동기부여가 됐다. 그 뒤 3년을 학교 계단 아래 빈 공간에서 아이들 저녁밥을 해먹이며 연극에 미쳐 살았고, 1년 뒤에는 결국 대상을 타는 성과를 거두었다.

당시 내가 다니던 학교 아이들의 학력은 대전의 인문계고등학교에서 최하위였지만, 한예종과 서울예전 연출과에 두 명이나 수석 입학을 할 수 있었다. 연기 학원 한번 가지 않은 아이들이었지만 3년 동안 꾸준히 연출 일지를 쓰고 좀 더 새로운 연기를 위해 전국에서 열리는 학생 대상 워크숍과 연극 대회를 빼놓지 않고 참석한 결과였다.

나는 당시 이런 일련의 과정을 보며 예술에 대한 몰입이 치유 효과가 있다는 것을 확인하게 되었고, 문화예술교육 연구에 더욱 매진하였다. 수업시간에도 무대세트와 의상 제작 경험을 살려서 한국사 수업을 모두 체험수업으로 바꿔 진행했는데, 이렇게 하자 한국사 수업시간이 재미로 폭발했다.

〈전하〉 작품에서 맛보았던 의상 제작 경험을 살려 삼국시대 복식사를 중심으로 삼국의 역사를 배우는 수업 자료를 만들었고, 역사 인물을 종이 인형으로 만들어 패션쇼의 런어웨이를 걸어가게 하는 프로젝트 수업을 진행했다.

패션은 일상의 삶에 배움의 기능을 충분히 맡아 한다. 아이들은 패션을 통해 당대의 자화상을 비평적 관점에서 돌아보고 성찰하는 '명품의 인문학'을 배우는 기회를 만났고, 이것은 곧 살아 있는 지식으로 남게 되었다. 부직포로 만든 샤넬과 에르메스 핸드백을 들고 복도를 워킹하는 아이들의 과장된 몸짓은 그 자체가 우리 자신을 돌아보고 삶에 활력과 웃음을 주는 명품 인문학 수업이었다.

코코 샤넬이 전하는 근현대사

라이프스타일 융합 프로젝트 수업은 하나의 주제에서 다양한 지식과 배움을 이끌어낼 수 있다는 장점을 지닌다. 또 인간의 삶을 구성하는 모든 요소들을 끌어들여 다각적으로 사고하는 과정에서 상상력과 창의성의 향상을 꾀할 수 있다는 점도 이 수업이 지닌 또 다른 미덕이다. 한마디로 멀티태스킹이다.

패션의 역사를 다루는 복식사는 시대별로 역사를 배우는 편년체 역사를 학습할 수 있는 좋은 역사 수업 도구가 된다. 시대별 의상의 소재나 길이의 길고 짧음으로도 그 시대의 사회문화적 특징을 유추해 낼 수 있다. 구석기인들이 모피를 두르고 다닌 사실에서 그 시대의 식생활 중 하나가 사냥이었음을 쉽게 유추할 수 있고, 손과 발을 모두 길게 가렸던 중세의 의상에서 인간의 육체를 죄악시하고 신성을 강조하는 데 주력했던 중세의 세계관을 알 수 있다.

1883년에서 1971년까지 서양 근현대사의 맥락을 짚어보려면 전설의 디자이너 가브리엘 보뇌르 '코코' 샤넬(Gabrielle Bonheur 'Coco' Chanel)의 패션 전기를 함께 읽는 것도 효과 만점의 역사 수업이 된다.

그런가 하면, 2019년 현재의 현대사를 직접 써보고 싶다면, 잡지책과 미디어 매체를 통해 여자 아이돌과 방탄소년단의 의상을 비평적 관점에서 함께 읽고 쓰는 미디어 리터러시 교육을 하는 것도 좋다. 또 패션의 리폼 디자인을 통해서는 환경문제와 비즈니스를 함께 공부하며 경제적 감각을 익힐 수 있으며, 명품 브랜드를 고찰하여 명품을 대하는 학생들의 세속화된 시각을 살펴보고 명품에 대한 정의를 재규정하는 프로그램을 진행하여 스스로 명품 인류로 삶을 디자인하는 프로젝트 교육을 진행할 수도 있다. 젊은이들이 천편일률적인 유행을 좇는 심리를 사회문화적으로 고찰하는 보고서를 만들 수도 있다.

패션을 읽고 시대를 읽는다

패션인문학의 영역은 이렇듯 매우 폭넓다. 패션에서 없어서는 안 될 색채 심리, 바느질, 수공에 직조 기술, 뜨개질과 수놓기, 신발과 액세서리, 의례용 의상의 각종 상징들도 교육의 중요한 소재가 되며 아름다운 삶을 가꾸기 위한 삶의 기술로서 커뮤니케이션 방식을 연구할 수 있는 하나의 분과 학문이 되기도 한다.

프랜시스 스콧 피츠제럴드(Francis Scott Fitzgerald)의 《위대한 개츠비》 같은 소설 속 주인공의 패션을 통해 패션의 시대사를 읽고, 패션쇼와 잡지책을 미디어 매체로 하여 리터러시 교육을 실시하며, 패션 광고를 통해 상품경제의 인문학을 배우는 등 다양한 융합 프로젝트 교육 소재로 활용이 가능하다.

패션 자체의 기호를 읽어내는 패션의 기호학은 이성들의 관계 전략이라는 심리학부터 시작해서 사회적 관계를 나타내는 패션의 사회학까지 폭넓은 인문학 교육으로의 진행이 가능하다. 패션 소재에 따른 다양한 환경교육과 식생과 지리교육도 가능하다. 이렇듯 패션을 코드로 한 라이프스타일 교육은 무엇보다 아이들에게 배움의 즐거움에 친근하고 쉽게 다가가게 해주며 이 과정에서 부모와 깊고 솔직한 소통을 하도록 도와준다.

패션은 기술의 발달에도 민감하다. 히트텍이나 에어쿨링 레깅스,

컴퓨터가 내장된 하이테크 소재의 e-wear의 개발은 헬스 케어는 물론 운동선수들의 경기력 향상에도 영향을 주는 하이테크 기술이다.

특히 미래 사회는 현실과 가상현실을 구분할 수 없을 정도가 될 것이라는 과학자들의 전망을 좌시하지 않는다면, 패션 스타일을 연구하거나 학습하는 것 자체로 학습자의 자존감과 인성을 함양시키는 것은 물론 '나는 누구인가?'라는 철학적이고 본질적인 미래 교육의 핵심 목표에도 더 가깝게 다가갈 수 있을 것이다.

Let's do it

패션 융합 라이프스타일 교육

엄마 옷 입은 거 어때? 하고 자녀에게 물어보기

아이가 대답을 하든 하지 않든 묻는다. 차려 입고 아이 방으로 진격! 마치 친구처럼 약간 높은 톤의 호들갑스러운 목소리로 묻고 아이의 대답에 삐치기도 하면서 과잉 반응하면 부모와 아이 모두 즐거워진다. 아이의 옷차림에 대해서는 "멋지다!", "예쁘다!", "대~~박!" 등 무조건 칭찬한다. 진심인지 아닌지는 중요하지 않다. 무조건 칭찬만 하면 된다. 이것이 우리 아이 자신감 빵빵 사랑 빵빵 엄마표 강화 학습이다.

계절 옷 함께 정리하고 입지 않는 옷 아름다운 가게에 기증하기

아이와 옷장 정리를 같이 하면서 가족과 협력하는 즐거움과 입지 않는 옷을 아름가운 가게 등 기부 단체에 기증하여 환경과 나눔을 실천하는 기회로 삼는다. 기부 이후에는 연말정산에서 세금 혜택을 받는 사실을 알게 해 아이에게 기부 문화의 장점을 자연스럽게 알 수 있도록 한다.

아이 교복 안감이나 체육복에 하트 붙인 자수 이름 써주기

아이가 좋아하는 자수 색실로 교복 안감과 체육복에 하트를 붙이고 "♥ 정민 ♡ 엄마" 하는 식으로 이름을 써준다. 아이는 자신의 이름 앞에 붙은 하트를 보며 무의식 속에 엄마의 사랑을 마음속에 각인한다.

자신이 직접 디자인하는 BTS 무대의상

만약 자신이 BTS 멤버 중 한 사람이라면 어떤 삶의 철학과 신념을 노래로 만들고 무대의상으로 표현할지 이야기를 나눈다.

- BTS의 같은 음악 공연을 여러 번 시청하면서 자신이 좋아하는 멤버에게 어울리는 무대의상을 스케치한다.
- BTS 공연 가운데 어느 부분에서 영감을 얻었고, 어떤 생각으로 무대의상 스케치를 완성했는지 글로 써본다.
- 엄마가 아이들의 문화에 함께한다는 뉘앙스만으로도 아이는 마음을 조금 더 연다.

환경 캠페인 티셔츠 디자인하기

프랑스 디자이너 필립 스탁은 세상을 향한 자신의 언어를 티셔츠에 새겨서 세상을 변화시키는 캠페인 활동을 했다. 아이들도 자신들이 입을 티셔츠를 직접 디자인해서 환경보존을 위한 캠페인 활동을 자발적으로 실행할 수 있다.

- 전사지 뒷면에 캠페인 문구를 디자인하여 오려낸다.
- 티셔츠 위에 잘라낸 캠페인 문구를 올려 디자인하고 다리미로 다려서 부착시킨다.
- 뒷면의 스티커 필름을 떼어내어 완성시킨다.

역사 의상 제작 패션쇼

역사 시대별 종이 인형을 만들고 시대적 특징을 디자인한 종이옷 입히기 놀이를 한다. 또 부직포나 한지를 옷감 대신 사용하고 스테이플러를 이용해 직접 입을 수 있는 옷으로 만들어 시대별 패션쇼를 진행한다.

생활에 유용한 컬러 테라피 상식

- 마젠타색(Magenta): 활기를 띠게 한다. 침착하고 편안하게 한다.
- 보라색(Violet): 자아를 편안하게 한다. 마음의 이완과 균형을 가져온다.
- 파란색(Blue): 신진대사의 균형을 맞춘다. 긴장과 스트레스를 풀어준다.
- 청록색(Turquoise): 긴장을 풀어준다. 마음을 달래고 위로한다.
- 녹색(Green): 감정 및 육체적 균형을 맞춰준다.
- 노란색(Yellow): 마음의 힘을 강화하도록 돕는다. 밝고 가벼운 분위기를 북돋아준다.
- 주황색(Orange): 쾌할하게 한다. 항우울제 효과가 있다. 소화 작용을 돕는다.
- 빨간색(Red): 생명력과 에너지를 증가시킨다. 활동을 촉진한다.

잠깐 상식!

벤담의 공리주의와 아이폰 6

공리주의(功利主義) 이론의 제창자 제러미 벤담(Jeremy Bentham)은 정의나 공통의 가치에 대한 무조건적인 신념 대신 무엇이 사람들을 더 행복하게 만들지 알아내야 하고, 만인의 감정을 등가의 것으로 다뤄야 한다고 주장했다(윌리엄 데이비스, 《행복산업》, 황성원 옮김, 동녘, 2015, 33쪽).

2014년 '아이폰 6'가 세상에 공개되면서 신체 활동을 모니터하는 앱과 물건값을 계산하는 앱으로 전문가들이 손쉽게 우리의 쇼핑 습관이나 뇌와 스트레스 수준을 파악할 수 있게 되었다. 이들은 벤담의 공리주의적 기획에 따라 사람들을 더 행복하게 만들 수 있는 데이터를 수집한다.

행복이 신체를 통해 표현되는지 아니면 화폐를 통해 표현되는지는 공리주의가 실제로 우리 주위의 세상을 구성하는 데 대단히 중요한 문제가 될 것이다(앞의 책, 35~36쪽). 이럴 때 인간의 존엄과 자기 삶의 주권자로서 사람다운 삶의 양식을 지속시키며 살아갈 수 있도록 영성과 자존감을 강화하는 종교와 사상 중심의 비교인문학적 라이프스타일 교육은 미래 교육을 위해 매우 핵심적인 항목이 된다. 이 점에서 유발 하라리가 《21세기를 위한 21가지 제언》에서 한 말은 매우 유의미하다.

> "인생에서 바라는 것이 무엇인지 모른다면 앞으로는 기술이 나를 대신해 나의 목표를 결정하고 나의 삶을 통제하기가 너무나 쉬워질 것이다. 대다수의 사람들은 자신을 잘 모른다. 자신의 목소리에

귀를 기울이려고 할수록 외부 조작의 희생물이 되기 쉽다. 우리 머릿속에서 들려오는 목소리조차 믿을 만한 것이 못 된다. 그것은 언제나 국가 선전, 아니면 이념적 세뇌, 상업 광고를 반영했기 때문이다. 어떤 것이 나 자신의 목소리이고 어떤 것이 시장 전문가가 주입한 내용인지 식별할 수 있을까? 그런 막중한 임무를 제대로 수행하려면 우리 자신의 운영체제를 더 잘 알기 위해 아주 열심히 노력해야할 것이다. 내가 누구인지, 내가 인생에서 바라는 것이 무엇인지를 알아야 한다. 코카콜라와 아마존, 바이두, 정부 모두 우리를 해킹하기 위해 서로 경쟁하고 있다. 우리는 지금 인간을 해킹하는 시대에 살고 있다. 바로 지금 알고리즘은 우리를 지켜보고 있다. 우리가 어디로 가고, 무엇을 사고, 누구를 만나는지 지켜보고 있다. 우리 개인의 존재와 삶의 미래에 대한 통제권을 갖고 싶다면 알고리즘보다 아마존보다 정부보다 더 빨리 달려야 한다. 그들보다 먼저 나 자신을 알아야 한다."

— 유발 하라리, 《21세기를 위한 21가지 제언》(전병근 옮김, 김영사, 2015)

요리에 철학을 담다

엄마의 푸드 스타일이 곧 자녀의 라이프스타일이 된다

나는 가끔씩 엄마를 이해할 수 없었다. 갈치를 고무 대야에 담아 머리에 이고 다니는 생선장사 아주머니부터 엿장수, 냄비장수, 금붕어 장수에 칼갈이 아저씨까지 늘 우리 집에서 밥을 먹고 갔다. 덕분에 우리 남매들은 매일 구멍가게로 외상 심부름을 다니느라 바빴다. 계란 한 개 외상, 밀가루 한 포 외상…….

그날도 마찬가지였다. 똥지게를 메고 들어선 아저씨는 오물 냄새가 요란했고, 구멍 난 반팔 러닝셔츠에는 오물이 군데군데 묻어 있어 보고만 있어도 토가 나올 지경이었다. 그러나 엄마는 아저씨가 똥지게를 마당에 내려놓자마자 깔끔하게 차려진 정갈한 밥상을 내오셨다. 밥그릇 위로 수북하게 올라온 흰 쌀밥을 숟가락으로 푹 퍼서 입에 넣던 아저씨의 구릿빛 얼굴이 아직도 눈에 선하다.

반찬이 몇 가지나 올라온 밥상이었는지는 기억나지 않는다. 하지만 어린 눈에도 밥상이 참 정갈하고 예쁘다는 기억만은 또렷하다. 엄마는 통깨, 파, 마늘, 실고추, 밤 등을 곱게 채 썬 양념을 깻잎 켜켜이 올리는 반찬계의 명품 스타일을 고수했고, 밥상 위 반찬끼리의 조화를 생각해서 찬그릇을 배치하는 감각은 그야말로 현대의 푸드 스타일리스트나 파티셰도 따라가기 힘들 정도였다. 밥과 반찬으로 끼니를 때운다는 생각보다는 밥상으로 사람을 봉양한다는 인간 존중과 따뜻한 사랑이 엄마 푸드 스타일의 기본이었고 엄마의 라이프스타일이었다.

나는 어려서 내가 아주 부잣집 딸이라는 자부심을 가지고 있었는데, 그 근거 없는 자부심이 바로 엄마의 인정 넘치는 식사 대접에서 비롯되었다는 사실을 어른이 되고 난 후에야 깨달았다. 나도 다른 사람들과 손수 지은 밥 한 끼로 삶을 나누는 것을 큰 행복으로 여긴다. 라이프스타일은 부모로부터 자녀에게 카피된다. 엄마의 푸드 스타일은 곧 나의 라이프스타일이 되었던 것이다.

삶을 보여주는 음식

2004년에 출간된 시오노 나나미(鹽野七生)의 《살로메 유모 이야기》(백은실 옮김, 한길사, 2004) 중 〈지옥의 향연〉에서 클레오파트라는 피부를 곱게 가꾸고 멋진 식사를 하며 자신의 직관과 감성대로 자유로운 연애를 한다. 착한 여자로서 타자의 시선에 좌지우지되는 삶이 아니라, 자신만의 주관을 가지고 자신의 느낌을 식사 한 끼에도 개성 있게 담아내는 시오노 나나미의 푸드 스타일은 그 자체로 자존감의 교과서라고 해도 과언이 아니다. '생각대로 살지 않으면 사는 대로 생각하게 된다'는 엄연한 삶의 철학을 푸드 스타일로 말해주고 있는 것이다.

음식이 주는 자극에 인간의 오감은 활짝 열려 반응한다. 이러한 강력한 속성 때문에 음식은 효과적인 교육 매체가 될 수 있고 가족의 식탁은 좋은 환경이 조성된 교육 현장이 될 수 있다.

음식은 가족뿐만이 아니라 사람 사이의 관계를 단단하게 묶어주는 끈이자 교육 수단이다. 식을 줄 모르던 집밥 열풍도 허해진 마음을 둘 데 없는 현대인들이 자발적으로 함께 모여 식사하면서 생긴 사회현상이었는지도 모른다.

아이들은 할머니가, 엄마가 차려준 밥상 위에서 가족 간의 유대, 사회구성원 간의 유대를 경험하고 정서적 행복감을 느끼며 집안의 고유한 손맛을 미식의 기준으로 삼는다. 이것이 집밥의 미덕이다. 고요한 시선, 정갈한 음식, 심성을 올곧게 만드는 식사 예절을 가르치는 것은 아름다운 교육이지 잔소리가 아니다. 밥상에서 아이를 응원하고 신뢰하고 배려하는 것이야말로 푸드 스타일, 밥상머리 교육인 것이다.

푸드 스타일은 자신의 철학을 담고 있는 신념 체계이기도 하며 삶에 대한 성찰을 표현하는 표현 도구의 역할도 한다. 그뿐만 아니라 요리의 과학적인 과정 자체가 분자요리학과 같은 새로운 언어를 갖게 하고, 요리 자체가 가지는 테라피적 요소 또한 우리의 삶을 고양시킨다. 이러한 식생활의 근원적이고 총체적인 성격은 당연히 미래 교육에서 핵심이 될 라이프스타일 교육 중 가장 기초가 되는 베이스라고 할 수 있다.

스콧 니어링은 《새교육》(이달와 옮김, 우물이 있는 집, 2013)의 저술을 통해 자신이 가지고 있는 교육관을 피력했다. 그의 목적은 초등학생부터 자연과 작용을 통하여 아이들이 개인과 지역사회의 일상생활에 대한 법칙을 이해하도록 교육과정을 설계하는 것이었다. 뿐만 아니라 요리, 바느질, 살림법, 가정관리 기술 등을 주요 과목으로 삶 자체가 교육이 되는 삶의 기술로서 교육의 가치를 다시 재구조화했던 것이다.

떠나는 아이들을 멈춰 세운 푸드 스타일 융합 프로젝트 교육

1년에 170여 명이 학업을 중단할 정도로 유독 개구쟁이들이 많았던 학교에서 생활안전부장으로 재직할 때 내가 가장 주력한 것은 바로 푸드 스타일 융합 프로젝트 교육이었다. 당시 내가 다니던 학교는 전교생 340명 중 70퍼센트가 비정상군이라는 충격적인 현실 앞에 놓여 있었다.

대안적인 교육 방법의 필요성을 통감한 나는 2012년 6월부터 인성 교육을 목표로 한 문화예술교육 방과후 수업을 적극 추진하였고, 2013년에는 6월부터 학교 내 대안교실을 자체적으로 만들어 학생들의 삶의 변화를 이끌었다.

그 결과 2012년 128명이던 학업 중단 학생이 2014년에는 51명이라는 혁혁한 감소가 이루어졌다. 이는 단순히 대안교실의 운영만이 아닌 인성 교육을 중심으로 전 교육과정을 새롭게 구조화하면서 얻어낸 결과로, 교과 교육은 물론 생활 지도와 학교 행사, 교사 재교육과 학부모 교육에 이르기까지 오로지 학업 중단율 감소와 학교폭력 예방이라는 목표를 향해 사랑으로 일관성 있는 교육을 진행했기에 가능한 일이었다.

| ○○전자기계고등학교 학업 중단률 변화표 |

학년	2011학년도			2012학년도			2013학년도			2014학년도		
	전입	전출	학업 중단율	전입	전출	학업 중단율	전입	전출	학업 중단율	전입	전출	학업 중단율
1학년	8	3	135 (43.5%)	9	8	101 (32.5%)	36	30	41 (19.9%)	8	13	36 (7.22%)
2학년	1	1	29 (11.8%)	0	2	23 (11.6%)	4	14	30 (13.3%)	1	6	10 (2.08%)
3학년	0	0	2(1%)	0	0	5 (2.3%)	0	1	4 (2.2%)	0	0	5 (1.00%)
총 계	9	4	166 (21.9%)	9	10	129 (17.7%)	40	45	75 (12.2%)	9	19	51 (10.24%)

사랑에 배곯은 아이들의 밥상

아이들이 공부가 싫다고 해도, 학교에 나오기 싫다고 해도 교사인 우리는 뭐든 해야 했다. 특히 가정의 부모로부터 방치된 외롭고 슬픈 아이들에게 교사는 부모가 되어야 했고, 분식집 아줌마가 되어야 했고, 음료수를 사서 유치장을 찾아가는 보호자가 되어야 했다. 무엇보다 배를 곯고 다니는 아이들을 잘 먹여야 했다. 아이들은 늘 배가 고팠다. 사랑에도 먹이에도 굶주린 야수들이었다.

삶과 배움을 분리시킬 수 있을까? 배움 자체가 학생들에게 삶의 과정을 이해하고 지혜를 갖게 하고자 고안된 장치라면, 삶을 지속시켜 주는 의식주의 문제는 국영수사과 교과 수업을 떠나 무엇보다 우선적인 교육과정 콘텐츠로 자리매김되어야 한다. 그러나 현실은 그렇지 않았다. 의식주의 문제는 배움의 문제가 아니라 소비와 자본의 문제로 전락했고, 국영수사과의 정형화된 평가 문제들이 곰팡이 냄새를 풍기며 배움의 광장에 가장 큰 권력으로 자리 잡고 있다.

그러나 삶을 근간으로 하는 배움과 교육의 문제는 단순한 암기의 문제가 아니다. 삶에 유용한 적정 기술을 배우는 것과 삶의 지혜를 배워나가는 것 모두 중요한 교육과정이다.

'행복 레스토랑'은 바로 이런 사고를 기반으로 하여 푸드스타일 프로젝트형 대안교실 프로그램으로 디자인되었다. 레스토랑의 기능과 그 구성 요소가 우리 삶의 구성 요소와 유사하기에 레스토랑을 주제로 한 프로젝트 수업 모형을 개발하게 된 것이다.

'행복 레스토랑'의 성공 비결

레스토랑은 단순히 음식을 먹고 요리를 만드는 곳이 아니다. 레스토랑이 고객을 맞이하려면 먹는다는 문화적 행위를 지원하거나 지지해줄 수 있는 부가적인 기능들이 함께 따라와야 한다.

먼저 레스토랑을 구성할 공간이 있어야 하고, 공간을 채울 가구와 그림 등 인테리어 용품들이 있어야 한다. 그리고 다른 테이블 손님들의 대화를 방해하지 않고 프라이버시를 지켜주면서도 분위기를 고조시킬 수 있는 음악이 있어야 하고, 주방에는 세련되고 스타일리시한 음식을 준비하는 요리사와 식재료가 있어야 한다. 물론 그것들을 담아내는 테이블웨어(tableware)의 중요성은 말할 것도 없다. 그리고 모든 하드웨어가 다 준비되었다면, 매너와 교양을 갖춘 세련된 웨이터의 서비스도 필요하다.

이렇듯 레스토랑은 사람들의 일상을 지배하는 의식주가 모두 집약되어 있는 장소라고 할 수 있다. 이에 '행복 레스토랑' 프로젝트 수업은 대안교실 학생들을 서비스를 생산하는 요리사와 웨이터 등 레스토랑 운영 인력으로, 나머지 재학생과 교사들은 레스토랑 협업자나 손님의 역할로 양분하여 운영 맥락을 잡았다. 그리고 외부 강사들은 레스토랑 운영을 위한 협업자 및 학생들의 멘토로 강의를 하도록 했다.

이렇게 '행복 레스토랑' 프로젝트 수업은 1년 동안 진행되었다. 그러는 사이 담배꽁초가 가득 쌓인 학교 옥상은 아티스트와 아이들이 협업하여 멋진 레스토랑 공간으로 바꾸었고, 매주 화요일과 목요일

점심마다 호텔 주방장 출신의 셰프님이 선보이는 요리를 맛볼 수 있는 근사한 식당의 역할을 톡톡히 했다. 대안교실 학생들은 행복 레스토랑이 열리는 날마다 각 반 학생들을 초대하여 담임교사와 함께 식사 예절을 갖추어 식사하도록 했다.

소외 계층이 많고 분노조절 장애 등 심인적 문제 요인을 가진 고위험군 학생이 많았던 학교는 치유와 체험을 중심으로 프로젝트를 시행한 덕분에 3년 동안 중도 탈락률 감소와 학업 동기부여라는 성과를 거둘 수 있었다. 참가 학생들이 삶의 품격과 안락함을 느끼고 이를 함께 공유할 수 있는 대안적 프로그램을 기반으로 진행된 교육과정은 이처럼 성과가 매우 높다. 이 모든 성취는 다 아이들이 삶의 기술을 배우고 삶의 주체로서 자신의 삶의 양식을 일구어낼 수 있는 프로젝트 수업으로 디자인되었기에 가능한 일이었다.

학생과 교사가 모두 행복한 교실

행복 레스토랑은 단순히 고위험군 학생만을 위한 것이 아닌 일반 학생들과 교사들 모두를 행복하게 하는 대안적 교실 공간으로 개념을 전환하여 운영되었다. 그리고 인문학을 기반으로 한 문화예술교육을 진행하여 습관적인 사고와 행동 패턴 바꾸기를 목표로 10여 가지의 다양한 프로그램과 특강을 진행했으며, 이를 위해 외부 강사는 물론 교사들의 인문학 스터디와 재교육이 쉴 새 없이 이루어졌다. 학생들에게는 맛있는 빵과 따뜻한 물과 커피를 마실 수 있는 학교 유일의 휴식 공간

| 행복 레스토랑 진행 프로그램 |

프로그램 구분	프로그램 성격	일정	내용	프로그램
상설 프로그램	레스토랑 운영을 주제로 한 융합형 프로젝트 교육	매주 진행	일일 레스토랑 콘셉트로, 요리를 직접 만들고 테이블 세팅까지 하여 친구, 교사, 학부모, 지역 노인 등을 초대하여 음식 봉사를 함으로써 성취감을 높여 자존감을 강화시키고 삶의 의미와 가치에 대해 다시 생각하게 하는 프로그램	요리/ 푸드테라피
특강 릴레이	레스토랑 운영을 주제로 한 융합형 프로젝트 교육	매주 진행	레스토랑을 운영하기 위한 다양한 준비 과정을 프로그램화하여 특강 형태로 진행함. '음식을 먹는다'는 행위를 위해 얼마나 많은 문화 예술적 코드가 필요하고 품격 있는 지성이 필요한지를 프로그램 진행 과정에서 깨닫도록 하고, 다양한 교양 교육과 더불어 직업교육도 아울러 진행해 학생들의 진로 교육을 병행함. 필요할 경우에는 몇 차례 더 강화 교육을 진행함.	요리 방송 만들기/ 플라워 디자인/ 양초 만들기/ 식탁매트 들기/ 포슬린아트/ 테이블 스타일링/ 종이접기 및 오리기/ 토피어리/ 무지갯빛칵테일/ 커피와 티/ 레스토랑 꾸미기/ 레스토랑의 명화들/ 음악 심리/ 카페 플로리안 가르송/ 기념일 이벤트/ 후식의 종류와 역사/ 푸드 스타일링/ 먹방 UCC 만들기
특별 프로그램	문화 체험을 중점으로 하여 교육 자존감과 성취감 향상을 위한 봉사 프로그램	연간	• 로드스쿨링 • 다양한 문화 체험 • 봉사하며 배우기 • 효 인성 교육 • 학교 꾸미기	문화 역사 기행/ 전통시장 사진 기행/ 음악회/ 뮤지컬/ 미술 전시 나눔의 날 및 전통문화 배움/ 목공 꾸미기
도약 프로그램	성찰과 정리를 통한 인성 성장 프로그램	매일	성찰 일기 쓰기	소감문 등을 일기 형식으로 자기 성찰 일지가 되도록 진행

이 되어 학교는 즐겁고 좋은 곳이란 생각의 전환을 가져오게 했다.

무엇보다 학생들과 학부모들이 행복 레스토랑을 중심으로 진행되는 행사와 교육 프로그램에 대해 감사와 사랑을 전하기 시작했다는 점은 매우 고무적이었다. 학생들의 자발성이 살아나고, 무관심하던 학부모가 학교에서 진행하는 교육에 적극 참여하고, 교사들은 자발적으로 대안적 교육 스터디를 만들고 하는 모습은 교육의 변화는 물론 학교 구성원들의 삶의 변화를 말해주는 단적인 예였다. 이러한 성과는 단순히 학교 내 대안교실에서의 교육 프로그램만이 아니라, 전 교육과정에 걸쳐 인성 교육이라는 목표 아래 교육과정을 융합적으로 새롭게 디자인하고 실행하였기에 가능한 일이었다.

행복 레스토랑 운영 성과는 다음과 같이 요약될 수 있다.

- 무단결석, 무단 지각, 무단 조퇴, 무단 결과가 대폭 줄어듦.
- 학교생활 적응력 향상 및 중도 탈락률 감소
- 성취감을 통해 자아 존중감을 높여 분노 조절이 조금 가능해짐.
- 학교생활에서 자신감을 회복함.
- 통제력과 인내력을 키워 교권 침해 및 폭력 사안을 예방함.
- 자아를 회복하고 스스로 자신을 돌볼 수 있는 기회를 제공함.

푸드 스타일 교육으로 리더십과 조직력, 세계관을 배운다

푸드 스타일 융합 프로젝트는 스페인의 요리 연구가인 페란 아드리아(Ferran Adria)의 분자요리학처럼 음식 재료의 조리 과정에서 일어나는 화학반응 및 분자구조의 변화를 음식의 '맛'과 '혁신'이라는 이슈로 전달하는 인문과학 프로젝트로 진행할 수도 있다. 또한 영국의 요리 연구가 제이미 올리버(Jamie Oliver)처럼 학교 급식 캠페인 프로젝트 학습을 진행하며 조직력과 리더십을 총체적으로 공부할 수도 있다. 또는 현대사회는 물론 미래 사회에 더욱 이슈가 될 환경문제를 푸드 스타일 융합 프로젝트 교육으로 진행할 수도 있다. 가정에서 아이들과 쉽게 진행할 수 있는 프로그램을 소개하고자 한다.

내가 근무한 학교에서 가장 먼저 진행한 프로젝트는 환경문제를 주제로 한 '쿠키 스토리' 프로그램이었다. 이 프로그램의 경우 환경이라는 주제와 관련된 이야기를 만들고, 스토리 중 핵심 이야기를 그림으로 스케치한 후 쿠키 클레이로 만들어서 구워내는 과정으로 설계했다. 스토리텔링에서 학생들은 '오염된 바닷물을 모두 마신 인어공주 덕에 청정해진 바닷물'과 같은 참신한 이야기를 만들고 이 같은 환경문제를 해결하는 대안 방안을 쿠키로 구워 표현했는데, 아이들이 생각한 실천 전략은 양말 기워 신기나 플러그 뽑아두기 등 실생활에서 금방 실천이 가능한 것들이었다.

'쿠키 스토리' 푸드 스타일 융합 프로젝트 교육은 국어, 미술, 디자인, 윤리, 환경, 물리 등의 교과를 융합하여 설계된 덕에 학습자가 지식의 생산자 및 사회구성원으로서의 책임감을 동시에 가질 수 있는 좋은 기회가 되었다.

그런가 하면 TV 다큐멘터리 프로그램 〈누들 로드(The Noodle Road)〉에서 영감을 얻어 '역사 요리' 프로그램을 진행하기도 했다. 이 프로그램은 세계의 누들 로드를 따라서 각각의 누들의 형태와 재료를 바탕으로 각 지역의 기후와 식생을 거꾸로 찾아가는 프로젝트 수업이었다. 프로젝트 중에는 '나만의 파스타 디자인' 시간도 있어 이탈리아 파스타 종류를 먼저 학습하고 디자인의 기본 원리를 이해한 뒤에 자신만의 파스타 면을 디자인하는 시간을 가졌다.

이런 디자인 수업은 주체적인 삶의 양식을 되돌아보는 계기를 주는 것은 물론 세계 각국에 산재해 있는 다양한 라이프스타일이 곧 세계의 다양한 문화를 만들어낸다는 사실을 몸소 이해할 수 있게 해 아이들에게는 살아 있는 교육 체험으로 기억될 수 있다.

그 외에 테이블 스타일링은 학생들에게 미학적인 안목을, 음식 재료 장보기 프로그램은 현실 경제에 대한 감각과 상인들과의 흥정을 통해 커뮤니케이션의 기본을 학습하게 했다. 식사 예절 또한 중요한 푸드 스타일 프로젝트 수업의 주제가 되기에 충분하고, 푸드테라피는 몸과 정신을 모두 돌보는 현대인들의 라이프스타일에서 빼놓을 수 없는 매우 중요한 항목이다.

이와 관련한 직업교육으로는 푸드 스타일리스트나 요리사 및 파티셰 등 부모님과 함께 식당이나 호텔 등을 찾아가서 체험하는 진로 교육도 가능하다. 어디 그것뿐인가? 식재료의 성장을 결정짓는 식생과 기후는 지역성과 함께 세계 지리와 한국 지리 수업의 중요한 주제가 됨은 물론 생물과 시장경제 및 제사 음식이나 축하 음식과 같은 의례의 형식까지 식생활 문화로 공부하도록 할 수 있어 요리를 배우고 역사와 사회 및 문화의 이해까지 아우를 수 있는 수업으로 확장하여 진행할 수 있다.

Let's do it

푸드 라이프스타일 교육

통마늘 사서 함께 까기

통마늘을 사서 가족이 함께 깐다. 단, 양을 많지 않게 하는 것이 중요한 팁이다. 가족이 앉아서 30분 정도 이야기할 정도면 충분하다. 부모님은 꼭지를 칼로 따고 아이들은 껍질을 까는 등 역할을 분담해서 한다. 편리하게 깐 마늘을 사지 않았다며 훈수를 두는 자녀에게는 엄마가 몸이 좋지 않아 통마늘을 먹어야 한다며 엄살을 피운다.

아이들은 이 작업을 통해 가족들이 공동체 안에서 서로의 삶을 위해 유의미하게 쓰일 수 있음과 협업의 가치를 알게 되고, 더불어 마늘 껍질을 모두 벗기면 성취감을 느낄 수도 있다. 아이들로 하여금 작은 성공을 자주 하게 하는 것이 더 큰 도전을 하게 할 수 있는 중요한 교육 방법이다.

만두 만들기

거실에 돗자리를 깔고 휴대가 간편한 도마를 가족 수만큼 준비하여 만두소부터 함께 만든다. 아이들은 빻거나 자르거나 하는 짧은 과정 하나에 집중하는 사이 몰입과 함께 카타르시스를 느낄 수 있다. 두부, 부추, 삶은 당면 등 비교적 잘 썰어지는 재료들을 아이들에게 자르게 한 다음 커다란 볼에 재료를 모두 넣어 아이들이 직접 섞어 반죽하게 한다.
짧은 시간에 완성된 만두 요리는 완성도가 높아 가족이 서로의 역할을 하면서 공동체원으로서 협업하여 만들었다는 성취감과 팀워크가 살아난다. 이는 가족 일원으로서 자신이 꼭 필요한 존재임을 확인하는 자존감 강화의 시간이기도 하다. 중요한 팁은 어떤 상황에서도 아이가 만든 만두에 대해 칭찬만 할 것. 그래야 다시 요리할 마음을 내고 가족과의 공동 작업을 즐겁게 받아들인다.

식사 테이블 세팅 컬러테라피

요즘은 값싸고 세탁이 편리한 테이블보나 테이블 데코레이션 재료를 동네 어디서든 쉽고 싸게 구입할 수 있다. 가족들의 즐거운 식사 시간을 위해 스타일이 있는 테이블 세팅을 아이들에게 부탁해보자. 컬러별로 다양하게 구입하기 어렵다면 디자인 냅킨을 이용해도 테이블 분위기가 대번에 달라진다. 그리고 같은 유리잔이라도 포도 주스와 오렌지 주스를 담을 때 테이블 색감이 달라진다.
테이블 세팅과 가열을 요하지 않는 색색의 채소가 담긴 샐러드 만들기 정도는 아이에게 부탁하자. 소꿉놀이를 좀 더 현실적인 사이즈로 키웠다고 생각하면 된다. 이를 통해 아이는 가족을 위해 헌신하고 봉사하는 기쁨과 함께 컬러테라피는 덤으로 얻게 된다. 그리고 가족들도 아이가 성장하여 상을 차리고 가족 식사를 준비하는 모습에서 대견함과 뿌듯함을 느끼며 사랑 뿜뿜! 기쁨 두 배! 가 된다.

쿠키 스토리

- 일상에서 행할 수 있는 다양한 환경문제에 대해 대안을 논의한 후 이미지를 쿠키로 제작한다.
- 이때 부모는 아이들의 아이디어를 적극적으로 칭찬하고 독려하며 가족 모두 함께 생각한 '대안'이라는 점을 부각시키면, 아이들은 평소 맞벌이 부모의 부재에 대해 보상받는 기회를 제공받기도 한다.
- 잘 구운 쿠키 품평회를 하면서 '좋은 점만 말하기'를 하면 음식에 감사와 긍정의 에너지가 담길 수 있다. 칭찬과 격려에 서로 기분이 좋아져서 쿠키가 더 맛있게 느껴진다. 그리고 이렇게 서로 긍정적인 기운을 전달하며 사는 것이 행복임을 아이들과 소소하게 나눈다.

누들 로드

국수의 역사를 통해 세계사를 이해함은 물론 다양한 농산물의 식생 분포와 좋은 먹거리로 가공해내는 인류의 지혜와 기술을 다각적으로 배운다. '나만의 국수'를 디자인한다면 창작의 기쁨과 창의적인 상상력도 함께 키울 수 있다.

이때 아이가 만든 국수를 직접 삶아 요리하는 과정은 가족과의 협력과 함께하는 행복감을 배가시켜준다. 감자와 호박 등 채소를 많이 넣고 아이가 만든 국수를 넣어 근사한 밥상을 차리면 더할 나위 없이 좋은 추억이 된다. 밀가루를 반죽할 때 생이스트와 같은 효모를 넣으면 부드럽게 밀리고, 맛도 더 좋아진다. 기계식으로 나온 국수틀을 이용해서 국수를 뽑아보는 것도 좋고,

올챙이 국수 원리를 이용하거나 수제비 만드는 법을 아이와 함께 해봐도 좋다. 이 소박한 놀이는 자급자족적인 슬로우 푸드라이프스타일이 된다.

영화 〈그린 파파야 향기〉와 플로베르의 〈마들렌 향기〉에 담긴 푸드 스타일

1993년 칸 영화제에서 황금카메라상을 받은 투란 안홍(Anh Hung Tran) 감독의 영화 〈그린 파파야 향기〉의 주인공 무이는 자신의 주인인 작곡가 쿠엔을 위해 그린 파파야를 둘로 잘라 정갈하고 산뜻한 초록의 밥상을 차려 자신의 사랑을 전한다. 무이의 사랑은 파파야의 선연한 빛깔처럼 분명하고도 명쾌하다. 이때의 그린 파파야는 단순히 식재료가 아닌 사랑의 시요 음악이요 그림이다.

그런가 하면 프랑스 작가 마르셀 프루스트(Marcel Proust)의 소설 《잃어버린 시간을 찾아서》에는 홍차를 마시던 마르셀이 마들렌 향기를 맡으며 추억에 빠져드는 장면이 나오는데, 이후 사람들은 향기 또는 냄새에 자극받아 과거의 기억을 재생해내는 현상을 '푸르스트 현상(The Proust Effect)'이라는 말로 부르게 되었다.

그린 파파야와 마들렌은 각각의 작품 속에서 단순히 요리 재료가 아닌 치유의 묘약이다. 단순히 먹어서 배부른 것이 아닌, 정신적이고 심인적인 충족감을 통해 인간의 행복을 충족시키는 음식의 마술적 속성! 푸드 스타일 자체가 푸드테라피로 변환되는 마술이 되는 순간이다.

아이들도 외롭고 힘들 때 엄마와 따뜻한 집을 떠올리며 위로가 될 수 있는 한 가지 음식 냄새 정도는 품어야 하지 않을까? 쿠키? 카스테라? 브라우니?

닭갈비? 김치찌개? 그것이 무엇이든 달달하고 향긋한 음식 냄새 속에 부모의 정성을 담는다면 지친 아이를 회복시키고 건강하고 행복하게 만들 수 있을 것이다. 지금 당장 엄마, 아빠만의 음식 냄새를 만들어보자. 가족의 추억을 소환해줄 특별한 향기를 간직하자.

잠깐 상식!

꿈의 학교, 헬레네 랑에

헬레네 랑에(Helene-Lange-Schule) 혁신학교 교장이었던 에냐 리겔(Enja Riegel)은 모든 감각을 이용한 수업을 통해 학생들이 스스로 질문을 던지고 탐구하는 주체로서 삶의 현장으로 나가보고 연극, 실험, 수공예 활동을 통해 전인적인 배움을 얻어야 한다고 생각했다. 그리고 학생들 삶의 과정 중 꼭 필요한 삶의 기술들을 중심으로 교육과정을 새롭게 편성하여 혁신적인 프로젝트 교육을 진행했다(《꿈의 학교, 헬레네 랑에》, 송순재 옮김, 착한가게, 2012).

그가 이끈 〈학교 문을 나서기〉 프로젝트는 앎을 지식에 그치지 않고 삶의 맥락 속에서 직접 봉사하며 실천하게 하는 프로그램으로 어르신들 씻기기, 아기 기저귀 갈아주기, 아픈 친구 병원 데려가기 등으로 일반 지식 수업을 대체할 수 있게 했다. 상상력과 도전 정신을 키워주기 위한 여행하기 프로그램도 있어 무전여행을 하며 자신의 두려움에 직면하고 이를 극복해가는 교육도 진행했다.

〈내가 속한 곳은 여기야〉 프로젝트는 학교에서 행하는 의례를 중심으로 이루어진 라이프스타일 교육이다. 손짓(손짓으로 침묵의 규칙을 지키는 민주적 합의 실행), 월요아침모임(한 학급이 한 주를 시작하는 의례로 경청이 교육 목표), 의례를 통해 소통하기(학급 연대기, 생일 달력과 노래와 꽃으로 축하), 축제와 잔치(단순히 교육적인 행사가 아닌 보다 총체적인 틀에서 진행), 새로운 학생 맞이하기(새 구성원을 맞이하고 기존 구성원과의 작별의 예의), 새로운 교사를 맞이하기(붉은 벨벳 카페트 위에 원을 그리고 앉아 교장이 맨발로 그 위에 서서 벨벳 주머니에 든 큰 원석을 교사들에게 하나씩 전달하며 같은 구성원이라는 상징을 공유함) 등의 프로그램으로 이루어져 있다.

학교의 프로그램은 일상을 구성하고 있는 만남과 헤어짐, 일상과 일상의 일탈로서의 축제 등에 의미와 상징을 부여하여 학교 구성원들이 학교의 일원으로 소속감을 가지며 공동체의 협력과 공생의 방법을 알아가게 하는 데 초점이 맞추어져 있다. 자존감은 물론이고 상대에 대한 존중감을 실천하는 삶을 공유하는 것도 학교의 또 다른 교육 목표다.

이 외에도 〈다투고 화해하기〉, 〈우리가 개입한다〉, 〈벽을 허물기〉, 〈기업으로서의 학교〉 같은 프로젝트 수업을 통해 민주주의와 책임의식, 사회정치적 참여, 함께 사는 공동체 교육, 경제교육 등을 실행하여 사회 구성원으로 살아가는 데 필요한 일상 교육도 진행한다. 일상적인 교육과 융합하여 교과가 통합된, 전인적 교육을 위한 프로젝트를 진행하는 것이 이 학교가 궁극적으로 지향하는 교육관이라고 할 수 있다.

삶을 주제로 하는 융합 프로젝트 교육에 관심 있는 부모님들은 책을 직접 읽어보시는 것도 좋을 듯. That's good idea!

공간이
사람을 말한다

따뜻한 집안은 아이의 운명을 행복으로 결정한다

삶의 공간은 사람들에게 다양한 의미로 다가간다. 사람들의 말투나 자세, 표정, 행동, 생활 리듬이나 취향까지도 집이라는 공간에 의해 좌우되며 어디에 사느냐는 궁궐처럼 그의 신분이나 경제력을 가늠하는 지표가 되기도 한다. 그와 더불어 리빙 스타일은 치유, 놀이, 소통, 예술, 휴식에 이르기까지 다양한 삶을 경험하고 학습할 수 있는 인간 최초의 학습의 장이다.

부모의 리빙 스타일은 마치 유전처럼 자녀들의 라이프스타일로 카피되며 삶의 지향점을 만들고 취향을 형성한다. "왜 지금 라이프스타일 교육을 해야 하는가?"라고 묻는 여러분에게 나는 이렇게 대답하고 싶다. 집을 통해 최초로 사람이 사람답게 살아가는 자세와 태도를 배워나가기 때문이라고.

로봇이 인간의 육체노동을 더 많이 분담하게 될 4차 산업혁명 이후는 더 많은 시간을 가족들과 집에서 보내야만 한다. 1인가구로 혼자 살아간다 해도 자기 삶의 공간을 어떻게 구성하고 활용할 것인가는 그의 라이프스타일에서 매우 중요한 요소다.

내가 그 멋진 부부를 만난 건 꽃샘추위로 칼날 같은 바람이 부는 해운대 M레지던시 호텔 앞이었다. 1층 브런치 카페 앞 화단에 꽃을 심느라 분주한 그들은 핑크색 아기동백 나무부터 다양한 색채의 봄꽃들을 심는 데 몰입하여 검정색 앞치마와 해진 청바지가 모두 흙투성이였다.

카페 안에 들어서니 브런치를 만드는 주방 공간과 레스토랑, 커피를 내리는 카페 공간이 남북으로 길게 나뉘어져 있고 다양한 예술품들과 명품 도자기, 크리스털 식기들이 즐비하게 진열되어 브런치 카페의 실용성은 물론 고급스러움을 더해주고 있었다. 카페 주방은 아일랜드 식탁으로 개방되어 마치 이탈리아의 집밥을 먹는 것 같은 따뜻함을 선물했고, 고소한 음식 냄새는 공간을 더욱 따뜻한 삶의 공간으로 바꾸고 있었다. 벽에 걸린 그림과 커피 잔은 모던하고, 카페 안에 놓인 싸리나무 화분은 춤추는 봄의 자유를 닮았다. 그리고 노란색 모빌과 독일 M사의 보온병은 심심한 실내에 포인트 컬러로 공간을 더욱 감각적으로 만들어주었다. 공간 자체가 다양한 쉼과 예술적 자극을 주기에 충분했다. 그것만으로 그들이 사는 집의 리빙 스타일과 평소 그들의 라이프스타일까지 가늠되었다.

집안을 꾸민다는 것은 집에 따뜻함을 더한다는 뜻이다. 이를 통해 집은 휴식의 공간으로 탈바꿈하고 공간 자체의 에너지로 우리를 치유하기도 한다. 따뜻한 분위기의 집에서 자란 아이들의 정서가 편안하고 안정되어 있는 원리와도 같다. 부모와 자녀 사이의 말투나 자세, 표정과 생활 리듬 및 취향까지도 집의 주거 공간에 의해 많이 좌우된다. 어떤 주거 공간에 사느냐에 따라 어떤 몸과 습관을 갖느냐가 결정되는 것이다.

주거 공간의 크기나 고급스러움의 차이를 말하는 것이 아니다. 그 공간을 그곳에 사는 사람들이 얼마나 가꾸고 아끼는가가 관건이다. 우리의 몸과 습관은 결국 우리의 운명을 만든다. 교육을 하는 이유가 무엇인가? 더욱 행복하기 위해서다. 행복하려면 더 좋은 운을 만들어야 하고, 그 운은 건강한 몸과 좋은 습관이 만들어낸다. 그래서 리빙 스타일은 그 자체가 교육이다. 따뜻한 집안은 아이에게 건강한 생각과 건강한 감정으로 행복감을 습관처럼 연습하게 만들어 아이의 운명을 행복으로 결정한다.

타샤 튜더가 복제한 인형 엠마의 삶

리빙 스타일 융합 프로젝트 교육에서 빼놓을 수 없는 것이 바로 돌하우스(Dollhouse) 프로그램이다. 세계적으로 유명한 돌하우스 중 하나는 타샤 튜더의 인형 엠마의 집이다. 미국에서 가장 사랑받는 동화작가이며 독특한 리빙 스타일로 각광받는 타샤 튜더는 버몬트주 시골에 30만 평이나 되는 정원을 가꾸며 19세기 방식으로 생활했다.

그녀의 리빙 스타일은 그야말로 독창적이다. 하루 종일 집안일을 마친 뒤 그녀는 인형의 집에서 생활하는 '엠마'를 돌보며 휴식을 취한다. 인형의 집은 3층으로 되어 있고 타샤가 생각하는 리빙 스타일의 이상향이 모두 갖춰 있다. 결혼생활이 불행했던 타샤는 엠마라는 인형을 통해 엠마의 남편인 캡틴 새디어스와 귀여운 참새우편으로 사랑의 편지를 주고받게 하고, 자신이 추구했던 아름다운 가족의 이상적인 모습을 인형의 집을 통해 구현해나갔다.

심지어 타샤가 밀랍 초를 직접 만들어서 밤을 밝힌 것처럼, 엠마가 사는 인형의 집도 똑같이 밀랍 초로 밤을 밝혔을 뿐만 아니라 크리스마스파티, 피크닉, 독서, 애프터눈 티파티, 사랑 편지, 뜨개질, 물레질, 요리, 반려견과 구리로 된 주방용품과 도자기까지 모든 일상이 타샤의 상상과 디자인에 따라 꾸며졌다. 타샤 튜더의 라이프스타일의 완벽한 복제였던 셈이다.

타샤의 아이들과 손자들은 인형의 집을 통해 자신들의 리빙 스타일을 꿈꾸며 배워나갔다. 적어도 삶에서 어떤 가치를 소중히 해야 하며 일상을 즐기기 위해서는 어떤 일상의 활동들이 가능한지를 돌하우스 인형 놀이를 통해 교육받은 것이다. 인형 놀이 중 소통과 협력을 배워나갔음은 물론이다. 이런 관점에서 타샤의 돌하우스는 삶의 기술을 총체적으로 배워나갈 수 있는 리빙 스타일 융합 프로젝트 교육의 대표적인 사례라고 할 수 있다.

리빙 스타일 융합 프로젝트 교육은 삶의 모든 구성 내역을 다루기도 하지만, 집(house)이라는 공간과 사물을 코드로 하여 진행한다. 건축물로서의 집의 형태와 구조, 인테리어 소재인 벽지, 조명, 장판, 창틀과 창문까지도 모두 교육 도구가 될 수 있고, 그 안에 담긴 사물들인 주방 도구, 거실 가구, 전자기기, 침실의 패브릭과 서재의 책과 노트들, 베란다의 미니 정원과 식물, 벽에 걸린 그림과 테이블 위에 놓인 인테리어 소품과 조화까지도 모두 리빙 스타일 융합 프로젝트 교육의 소재가 될 수 있다.

리빙 스타일 융합 프로젝트 교육은 윌리엄 모리스(William Morris)의 레드하우스(Red House)나 타샤 튜더의 버몬트 숲속 집처럼 새로운 아이디어를 개인적인 삶의 맥락에 다양하게 적용할 수 있는 방법이다. 사람들의 일상이 전개되는 삶의 공간과 일상생활을 문화예술적으로 재구성하는 작업은 이처럼 매우 흥미로운 일이다.

아이들은 '자기만의 방'으로 자라난다

학생들은 물론 일반인들의 삶의 변화를 인문학적 맥락으로 탐색하고 추구하는 리빙 스타일 융합 프로젝트 교육은 자신만의 품격 있는 라이프스타일을 갖고 살아가는 자존감 있는 성숙한 개인을 탄생시킬 수 있다.

'돌하우스로 꿈꿔보는 나만의 방'이라는 리빙 스타일 융합 프로젝트 교육 프로그램은 원룸에서 한부모와 함께 살아가는 학생들에게 '자기만의 방'이라는 동기를 마련해주기 위해 만들어졌다. 프로그램의 시작은 먼저 학생들이 인터넷을 통해 자신이 원하는 미니어처 집을 고르게 하고 주문 배송을 받는 것에서 출발했다. 이후 학생들은 미니어처 돌하우스를 조립하게 되는데, 아이들은 돌하우스 자체를 갖는 것만으로도 즐겁게 교육에 임했다.

그러나 이 프로그램에도 사소한 문제점이 하나 있었다. 미니어처가 디테일한 작업을 많이 필요로 하다 보니 집중력이 부족한 학생들에게는 무리가 되었던 것이다. 아이들은 짜증을 내기도 했고 단기간에 성취감을 느낄 수 없다는 것에 분노를 폭발하기도 했다. 그러나 적어도 아이들이 자신만의 방과 자기 집을 갖게 되는 꿈을 꿀 수 있는 계기를 마련했다는 점만큼은 소기의 성과라고 할 수 있었다.

늘 꿈은 원대하나 반드시 이루어지지는 않는다. 그래서 가끔 꿈은 차가운 들판을 헤매이지만, 그렇다고 해서 실패는 아니다. 모든 일이 그저 과정인 것이다. 성공하지 못한 과정 안에서도 아이들은 분명히 성장하고 사랑의 에너지를 빨아들인다. 자기만의 미니어처 집을 한 채씩 가진 아이들의 자부심 어린 얼굴 표정은 아직도 잊히지 않는 나의 자랑거리다.

아빠와 단둘이 원룸에 살며 삶이 불편했던 아이가 돌하우스 침대 이불에 레이스를 달고 자기만의 화장대를 만들면서 즐거워하던 모습은 지금도 잊을 수 없다. 꿈만 꿔도 아이들의 삶은 조금씩 커진다. 아이들은 매일매일 쉬지 않고 성장한다.

리빙 스타일 융합 프로젝트 교육은 집 안의 다양한 사물과 인테리어를 소재로 진행할 수 있을 뿐만 아니라 학교와 가정에서 진행될 미래 교육에서의 중요성 또한 확인할 수 있는 라이프스타일 교육 프로그램이다.

Let's do it

리빙 라이프스타일 교육

우리 곁의 조선 왕실, 고궁의 리빙 스타일

국립고궁박물관의 〈임금님 알고 싶어요〉 교육 프로그램에 참가한 학생들은 조선시대 임금의 일상과 그 시대의 역사를 문화 체험학습을 통해 이해할 수 있게 된다. 〈나도 왕비처럼〉에서는 왕비의 대례복과 장신구를 중심으로 조선시대의 역사를 이해할 수 있도록 구조화했고, 〈나도 왕자처럼〉에서는 궁 안에서 보내는 왕자의 하루 일과를 통해 조선시대 교육제도와 시 짓기, 활쏘기, 서화, 책읽기, 음악, 회강 체험 등을 체험할 수 있도록 하였다.
국립고궁박물관의 교육 운영 가이드북 《우리 곁의 조선 왕실, 왕과 왕비를 만나다》는 바로 리빙 스타일 융합 프로젝트 교육으로 왕들의 집인 궁궐에서 이루어지는 일상을 프로그램화한 좋은 예다.

I CAN MAKE

- 우드락을 A4 용지 크기 정도로 잘라 바닥과 L자로 2면을 세운다. 이때 너무 크게 하지 않도록 주의한다.
- 잡지나 색종이, 집에 있는 천 조각 등을 이용하여 디자인한 방을 완성한다.
- 작은 꼬마전구 등 과학 교재를 이용하면 효과 두배.

- 이때 엄마는 기쁜, 희망적인, 사랑스러운, 안정된, 만족한, 기분 좋은 등의 긍정의 단어만을 이용하여 평가해준다.

아이 방 벽지 디자인하기

아이 방 한쪽 벽면에 한지를 붙이고 아이가 스스로 그림이나 글을 이용하여 자신의 방 벽면을 디자인하도록 한다. 한지는 한 번에 한 장씩 붙여주고 모자이크처럼 완성해나가도록 한다. 디자인 시작 전에 아이와 아이디어 회의를 갖거나 도화지에 가상의 벽을 그리고 한지를 모자이크처럼 붙여나갔을 때의 가상의 그림을 그려서 의견을 공유한다.

이 작업은 자신의 방 정도는 자신의 의지대로, 자신의 생각대로 주도적으로 만들어나간다는 자신감과 주인의식을 아이에게 주는 효과가 있다. 또 한 가지 일을 지속적으로 해나가는 추진력과 끈기도 길러준다. 스트레스 해소는 덤이다.

픽토그램 만들기

화장실에 남자 여자 픽토그램을 붙이듯이 가족들의 방문 앞에 각 방의 쓰임새와 방 주인의 특징에 맞는 픽토그램을 만들어 붙인다. 계절 따라 시즌별 픽토그램을 만들 수도 있고, 가족의 기념일에 축하 리스 등을 함께 만들어 붙일 수도 있다.

목공 가구 만들기

가족들이 함께 앉을 수 있는 테이블과 의자를 목공 DIY로 함께 만든다. 반려견을 키우는 집의 경우엔 아이들과 함께 애완견 집을 만드는 것도 좋고, 아이가 앉는 작은 의자를 아이와 협업하여 만드는 것도 리빙 스타일 라이프 교육의 소확팁이다. 목공 등의 활동이 여의치 않을 때는 종이 상자로 만들어서 일정 기간 추억거리를 만드는 것도 좋다

스탬프 감자 패밀리

하지 감자로 스탬프를 만들어 패브릭용 물감이나 천연 염료를 이용하여 광목 등에 찍어서 디자인한 후 가방과 스커트, 미니 스카프 등을 만들어 아이와 커플이 되어보자. 아이와 함께 만든 스카프를 함께 목에 두르고 외출할 때 아이가 느끼는 엄마와의 공감과 연대의 든든함을 상상하면 작업하는 시간이 훨씬 즐거워진다. 환경에 무해하고 자연친화적인 일상용품을 직접 만드는 삶의 기술은 부모가 주는 최고의 선물로 그 자체가 교육이 된다.

선물용 보자기를 제작하는 것도 아이의 교육을 위해서는 좋은 방법이다. 누군가를 위해 자신의 시간과 노력을 헌신하고 그와 더불어 기쁨을 나눈다는 것은 삶의 행복을 위한 지혜를 교육하는 것으로, 바람직한 리빙 스타일 교육이 된다.

아이와 작업하면서 대화할 때 기쁜 감정을 나타내는 긍정의 단어장

인정받는	유능한	모험적인	중요한	기쁜	희망적인
사랑스러운	사랑하는	신명 나는	침착한	자신 있는	명랑한
평화로운	대담한	찬란한	기분 좋은	만족한	용감함
아껴주는	반가운	충만한	굉장한	포근한	자랑스러운
들뜬	행복한	포근한	멋있는	성공적인	힘이 넘치는
열심인	즐거워 보이는	고요한	자유로운	열정적인	깜짝 놀란

아이와 문제에 봉착했을 때 문제 해결 과정 따라 해보기

1단계 : 낮은 목소리로 어떤 문제인지, 무엇이 문제인지 정의한다.

2단계 : 아이의 말을 경청하며 생각과 감정을 나눈다.

3단계 : 해결책과 지침에 대하여 함께 브레인스토밍한다.

4단계 : 해결책을 선택하고 공유한 뒤 실행한다.

마음을 공유하고
생각을 공유하라

이덕무가 책을 팔아 쌀을 산 까닭

조선 최고의 독서가였던 이덕무는 《맹자》를 팔아 쌀을 사서 먹고는 유득공에게 자랑했다. 이에 유득공은 바로 《좌씨전》을 팔아 이덕무에게 술을 사며 "맹자는 친히 밥을 지어주고, 좌구명은 손수 술잔을 권한 것과 다름없다"라며 여흥을 즐겼다.

위의 일화는 인간의 본성(本性)을 중히 여기는 인간 존중의 근원적인 사유가 토대가 되었음을 확인할 수 있는 대목이다. 이를테면 교과서를 팔아서 '치맥'을 사먹은 꼴이지만, 이 또한 가난이라는 삶의 변수에 대응한 유연한 대처였음은 물론 한 수 높은 유머로 자신들의 자존을 지키는 삶의 품격을 드러내는 것이다. 이는 앞으로 우리가 지향해야 할 독서 스타일 융합 프로젝트 교육의 목표에 완전 부합하는 풍경이다.

책을 제대로 선택하고 읽는 것이야말로 미래 교육의 핵심이다. 우리의 생각을 구성하는 사유의 근원이 그곳에 있기 때문이다. 시오노 나나미도 책이란 필자와 독자가 "마음을 공유하는 것"이라고 말한다. 마음을 공유한다는 것은 결국 생각의 교류를 말한다.

조언하고 관계를 매개하며 용기를 촉진할 주체

책을 접한 사람들은 먼저 생각이 변하고, 변한 생각은 행동을 바꾸며, 바뀐 행동은 그 사람의 삶을 통째로 바꿔놓는다. 따라서 단순히 읽고 쓰기에 집중하던 독서교육의 범주는 이제 전면적으로 바뀌어야 한다. 책과 관련된 모든 것을 융합해서 인간의 삶을 사유하고 비평하고 성찰하며 새로운 시대의 새로운 언어와 생각을 만들어내는 것이야말로 독서 스타일 융합 프로젝트 교육이 지향하는 목표가 되어야 한다.

미래 사회를 준비하는 독서교육은 열린 개방성과 태도로 인간의 품격을 유지하며 인간의 본성을 잃지 않고 더불어 사는 공유의 새 시대를 선도하는 용기 있는 리더를 육성하는 것을 비전으로 삼아야 한다. 다가올 시대는 사람을 사람답게 살 수 있도록 끊임없이 조언하고 관계를 매개하며 용기를 촉진할 주체가 절실히 필요한데, 이 역할을 독서가 맡아 해줄 수 있기 때문이다.

이와 더불어 도서관이나 학교를 중심으로 진행되던 독서교육을 일반 서점까지 더 크게 확대해서 범주화시켜야 한다. 거대 자본을 가진 서점들이 라이프스타일 플랫폼으로 거듭나고 있으므로 독서교육의 영역을 확대하고 개편하는 일은 반드시 필요하다. 아마존이나 츠타야 같은 서점들은 이미 책방이 아니다. 그들은 책만 파는 것에 머물지 않고 책 속에 들어 있는 사람들의 삶과 생각과 라이프스타일까지 아울러 팔고 있다.

서점은 이제 라이프스타일을 판다

다양한 책 속에 사람들의 모든 삶이 들어 있다는 것은 누구도 부정할 수 없는 일이다. 그렇기에 독서교육이나 독서 환경 조성 등 독서스타일 융합 프로젝트 교육은 라이프스타일 전체를 통째로 바꿀 수 있는 거대 프로젝트 교육이 될 수 있다. 이제는 책 만드는 일 못지않게 독자를 만드는 북 마케팅도 독서교육의 하나다.

저자를 만드는 브랜드 전략 또한 책 쓰기와 관련하여 중요한 독서교육이다. 책을 팔던 아마존은 빅데이터를 기반으로 책뿐 아닌 소비자가 원하는 모든 상품을 팔며 현대인들의 라이프스타일을 창조하고 있다. 아마존은 라이프스타일을 재조정할 뿐만 아니라 빅데이터를 점유한 하나의 거대 권력이 되어 있고 보이지 않게 상품으로 수십억 지구인을 통제한다.

일본의 츠타야 서점도 라이프스타일을 판다고 선언하고 나선 지 오래다. 서점의 요리 서가 옆엔 요리 레시피 책이 있고, 요리 관련 여행책은 물론 책에 나와 있는 조리 도구까지 서점에서 직접 살 수 있다. 우리나라의 아크앤북은 또 어떤가? 이미 서점은 단순히 책을 파는 곳이 아니라 스마트폰처럼 사람들의 생활을 제안하고 디자인해나가는 지구별의 핵심 기관이 되어가는 중이다.

그렇다면 종이책의 운명은 다한 것일까? 종이책은 이제 사라질 위기에 처한 것일까? 나는 그렇게 생각하지 않는다. 종이책은 여전히, 그러나 예전보다는 훨씬 촘촘하고 속 깊게 독자에게 접근할 것이다. 이미 유튜브와 오디오북의 활성화는 종이책의 자리를 점점 좁혀가고 있는 형세다. 특히 스마트폰의 사용과 e북 및 유튜브, 오디오북의 활성화와 관련하여 책은 읽는 매체에서 보고 듣는 시청각 매체로 전환되고 있다. 독서교육에서 읽고 쓰는 능력이 아니라 듣는 능력이 더 중요해진 것이다.

독일의 〈듣기 클럽〉이라는 어린이 교육 프로그램은 더 잘 듣기 위한 훈련을 주로 한다고 한다. 시대의 변화와 매체의 변화에 따라 읽는 독자보다는 시청자로서의 기능을 더욱 강화하고 있는 것이다. 유튜버 '책추남'의 경우는 '책추남' 채널 자체를 미래 학교로 칭하고 있고, 그를 기반으로 자신의 교육철학과 소신을 담은 교육 프로그램들을 만들어 정모와 코칭 등의 방법을 활용하여 활발한 활동을 하고 있다.

읽기와 쓰기 중심에서 말하기와 듣기 중심으로

미래 사회의 의사소통에서는 말하기가 중요할까 듣기가 더 중요할까? 프랑스는 벌써 2005년에 읽기와 쓰기 중심의 독서교육에서 말하기와 듣기 중심의 독서교육으로 패러다임을 전환해 교육하고 있다. 유튜브와 오디오북 등으로 일반적인 독서 패턴이 바뀌고 있는 현대사회에서, 디지털 시대 독서의 새로운 패턴은 '구술성'을 중심으로 확대되고 있으므로, 교육도 이에 대비해야 한다.

독서교육을 단순히 책을 읽는 것으로 간주한다면, 아이들은 미래사회에서 소수의 엘리트 권력 아래 노예적 삶을 살아가는 존재로 전락하게 될지도 모른다. 읽는 것보다 중요한 것은 독서를 통해 자각하고 깨어 있으며 생각의 깊이와 폭을 넓혀 상상력을 실행하며 세계를 넓혀가는 것이다.

아마존이나 츠타야 같은 서점들은 책을 파는 것이 아니라 책 속에 들어 있는 사람들의 삶과 생각과 라이프스타일을 판매한다는 점을 다시 상기한다면, 독서교육이 왜 중요한지를 다시 한 번 확인할 수 있을 것이다.

감정 단어를 더 많이 사용하는 초등학생들이 사회적 행동과 학업 성적이 모두 향상되었다는 리사 펠드먼 배럿(Lisa Feldman Barrett)의 연구 결과는 다양한 독서교육을 통한 새로운 단어 습득의 중요성을 다시 한 번 확인시켜준다.

우리의 생각과 감정은 나와 내가 속한 공동체의 미래이고, 그 생각과 감정은 수많은 책들로부터 시작된다. 그리고 그것이 바로 우리의 삶이다. 책을 신중하게 골라 읽는다는 것이 왜 중요한지, 독서교육이 왜 인류 교육의 변치 않는 클래식인지를 확인시켜주는 대목이다.

"독서는 아이와 나의 마음을 공유해가는 것"이라는 슬로건이야말로 독서 융합 라이프스타일 교육의 핵심이다. 지금 당장 아이를 무릎에 누이고 아름다운 그림책을 한 권 읽어주자. 나긋나긋하고 부드러운 목소리로 속삭이듯이. 하지만 아이는 이내 엄마의 무릎에서 잠이 든다. 잠든 아이 머릿결을 쓰다듬어주며 다시 조용히 속삭여주자.

"나는 네가 내 아이라서 자랑스럽고 행복하고 감사해. 고마워! 내게로 와서 너와 함께하는 축복된 삶을 허락해줘서 감사하고 사랑한다."

Let's do it

독서 라이프스타일 교육

책갈피와 책표지 만들기

책갈피 만들기는 누구나, 언제든지 집에서 아이와 함께 해볼 수 있는 독서 활동이다. 책갈피와 더불어 책표지도 아이의 독후감대로 한번 바꿔보자, 아니면 독서 후 책을 홍보하는 포스터를 아이와 함께 만들어보는 것도 좋다. 여기서 중요한 팁은 요즘 유행하는 어반 스케치(Urban Sketch)처럼 엽서 크기의 작은 화면을 이용하는 것이다. 도달하기 너무 어려운 과제는 성취에 이르기 어렵다. '이 정도쯤이야 쉽지' 라는 마음으로 가볍게 마음 내어 활동하는 게 팁이다.

인형극하기

손가락장갑 끝에 책에 등장하는 인물을 그려서 붙이고 가족들의 이름을 넣어서 인형극을 한다. 가족 상황극이 될 수 있는데, 아이들이 느끼는 엄마, 아빠, 동생 또는 누나가 어떤 모습인지를 확인할 수 있고 상대들에 대한 감정이 고스란히 드러나서 가족의 소통과 관계를 다른 각도에서 살펴볼 수 있다. 아이들은 새로운 이야기도 자동적으로 술술 만들어간다.

이때 부모들은 먼저 노래를 부르거나 춤을 추면서 흥을 불어넣을 수 있다. 집에 있는 동물인형으로도 할 수 있고, 가면을 만들어 놀 수도 있다.

시와 동화가 있는 김밥 싸기

아이와 시나 동화를 읽고 대표적인 이미지를 상상하며 김 위에 밥을 깔고 당근, 시금치, 파프리카, 계란, 햄, 단무지 등을 이용하여 그림을 그린다. 그리고 돌돌 말아 먹는다. 저녁식사 준비와 동화책 읽기 시간을 따로따로 하지 않고 한 번에 뚝딱! 그러곤 일찍 씻고 잠자리에 든다. 주의할 점은 소리 지르지 않는다는 점. 대신 이렇게 부탁하자.

"엄마는 사랑이가 한 곳에 앉아서 김밥 그림을 그리고 예의를 갖춰서 먹어주면 기쁘고 기분이 좋아질 것 같아. 사랑이도 엄마에게 부탁할 것 있으면 말해봐. 우리 서로 부탁 하나씩만 들어주면서 즐겁게 놀자."

이러면 아이의 태도는 감쪽같이 변한다.

1년 단위로 할 수 있는 프로젝트 교육

책과 함께 할 수 있는 융합 교육은 너무나 많다. 단순한 하나의 프로그램이 아니라 1년 단위로 집에서 아이들과 함께 책을 통해 할 수 있는 프로젝트 교육들을 소개한다. 단순 1회로 구성해보는 것도 좋고, 하나의 프로그램을 월 단위나 계절 단위로 나누어 지속적으로 해보는 것도 좋다. 단, 아이의 성향이 고려되어야 한다. 지루한 것을 못 견디는 아이에게 한 프로그램을 몇 달씩 하는 것은 오히려 역효과를 낼 수 있다. 그런 경우는 같은 맥락의 프로그램일지라도 소재를 바꾸거나 방법을 바꾸면서 진행하는 것이 좋고, 아이 스스로 만들거나 활동하는 프로그램을 선택하는 것이 신의 한수다.

| 아이와 함께 집에서 할 수 있는 무궁무진 책 놀이의 세계 |

프로그램	내용
작가 탐구	국내외 작가 중 선별하여 진행한다. 전기를 써보는 것도 재미있다.
우리 집 사물의 이야기	집에 있는 사물 중 하나를 선택하여 그 주제와 관련된 책을 읽는다.
나만의 책 만들기	미니 북 만들기로 시집, 잡지 등 간단한 미니 책을 만든다.
식물과 곤충	식물도감과 곤충도감을 이용하여 초충도를 그린다.
동화책 읽고 독후감 그리기	동화책을 읽고 독후감도 그림으로 그린다.
바다 시리즈	바다와 관련된 동식물은 물론 산업까지 탐구하며 현장 문화 체험을 한다.
땅 시리즈	땅과 관련된 동식물은 물론 산업까지 탐구하며 현장 문화 체험을 한다.
하늘 시리즈	하늘과 관련된 동식물은 물론 산업까지 탐구하며 현장 문화 체험을 한다.
책 그림 전시	책에서 본 인상적인 사진이나 화보 등을 사진으로 찍어 전시한다.
사계절 찬가	사계절 관련된 문학 작품 읽기
시가 노래가 된다면	시로 만든 노래들을 찾아 시낭송하고 운율 공부하기
랩 작곡하기	글쓰기의 일환으로 랩 작곡하기
우리 가족 패션 잡지 만들기	가족들의 패션 잡지. 편집 방향은 협의대로 진행한다.
종교 서적 만들기	다양한 종교에 대해 알아가기. 차이와 다름을 인정한다.
인종과 민족	다양한 인종과 민족에 대해 알아가기. 차이와 다름을 인정한다.
우리 동네 이야기	동네 사진을 찍고 지역 문화에 대한 비평적 글쓰기를 한다.
우리 동네 사람들	동네 사람들을 사진 찍고 이웃과의 공동체적 삶과 협력을 배운다.
나의 위인전	개인의 역사 써보기. 자신의 비전 정리해보기

라이프스타일!
위대한 유산

만약 인간이 물질에 불과하다면 살인이 죄가 될까? 히틀러가 망설임 없이 600만 명이 넘는 사람들을 죽일 수 있었던 것도 자신 이외의 사람들을 단순히 물질적인 존재로만 생각했기 때문일지도 모른다. 만약 인간이 물질에 불과하다면, 우리의 집은 진짜 많은 물건들로 가득 찬 창고에 불과하게 된다. 온갖 물건으로 가득 찼지만 집주인은 사라진 폭발 직전의 창고일 뿐이다. 그렇다면 인간이 물질이 아닌 존재라는 것을 무엇으로 증명할 수 있을까?

막내딸이라고 끔찍이도 날 아끼시던 아버지는 벌써 유명을 달리하셨고, 이미 흙과 같은 무기물질로 변형되셨을지도 모른다. 그러나 여전히 아버지가 무기물질이 아닌 나의 아버지로 살아남아 계신 이유는 아버지가 살아생전에 아버지만의 삶의 양식을 통해 내 마음의 보석

상자를 가득 채워주셨기 때문이다.

나는 아버지로부터 많은 유산을 물려받았다. 마음속에 간직한 열두 가지의 유산 중 가장 먼저 떠오르는 두 가지 풍경이 있다. 첫 번째는 교통사고로 먼저 떠난 오빠 장례식장에서 아버지와 벤치에 앉아 멍하니 봄바람에 흩날리는 벚꽃을 하염없이 바라보며 공유했던 아릿한 감정이고, 두 번째는 초등학교 시절 아버지 등에 업혀 화단에 핀 상사초 이야기를 듣던 아침의 따뜻함이다. “잎이 꽃을 그리워하다 먼저 진다고 해서 상사초란다”라는 아버지의 말씀이 아직도 생생하다. 그 밖에 아버지는 내게 열 개의 보물을 더 주고 가셨다. 열 개의 보물, 내 마음의 보물 상자에서 추억의 보물들을 하나씩 꺼내본다.

유산1. 추억의 장면: 늘 북적이던 손님들

우리 집은 늘 손님으로 북적거렸다. 단 하루도 손님이 없는 날이 없었다. 오전 중엔 엄마의 친구분들과 동네 아줌마들을 비롯해서 지나가는 상인들에 길을 물어보는 사람들까지 잠시도 조용할 시간이 없었다. 저녁엔 아버지의 술친구들과 가까운 친척분들이 찾아들었고, TV 드라마 시간엔 영화관을 방불케 했다. 매일 심부름을 다니느라 짜증 나는 날도 많았지만, 오며 가며 정말 풍성한 삶의 이야기들을 듣게 되었던 것 같다. 그때 만약 팟캐스트나 유튜브 같은 개인 미디어 매체가 있었다면, 우리 집에 찾아드는 손님들을 게스트로 한 대담 프로그램이 인기를 끌었을 거다.

그중 가장 기억에 남는 손님은 저녁 손님 중 한 분으로, 술만 드시면 바지를 입은 채로 소변을 보아 축축한 채로 집으로 돌아가시던 아버지 친구분이다. 집으로 돌아가실 때면 넘어질 듯 말 듯 아슬아슬하게 음주 자전거를 타시며 또 한 번 우리를 불안과 웃음의 양가감정에 빠트리곤 했다.

지금 생각해보면 어린 시절 집안을 들썩들썩하던 손님들이 바로 내 어린 시절을 풍부하게 만들어준 추억이다. 그 손님들은 과자가 귀한 시절, 종합선물세트를 사 오셔서 우리에게 기쁨을 주기도 했고, 신문지에 싼 돼지고기 두 근과 종이 봉투에 든 아오리 사과 한 봉지, 초코파이 한 상자와 통발로 잡은 물고기 한 사발과 팔다 남은 간고등어 한 손 등 뜻밖의 기쁨을 안기기도 했다. 가끔 10원이라도 용돈을 받을 때면 얼마나 기뻤던지……. 내 어린 시절을 아름답고 충만한 축복의 시간으로 만들어주는 추억은 우리 집을 찾아오던 손님들과 그들이 가져온 이야기와 선물들이다.

집에 손님을 초대하는 것은 귀찮고 힘든 일이다. 그러나 내 아이의 추억의 창고에 평생 간직될 값비싼 보물을 하나 선물한다고 생각한다면, 더 많은 손님들을 초대해서 단출하고 아름다운 식사를 나누고 대화하며 여유 있는 저녁시간이나 휴일을 즐겨보라. 우리 아이의 라이프스타일도 우리가 선망하는 북유럽의 라이프스타일인 '휘게'처럼 친구나 동료들과 서로 친밀감을 느끼며 만족과 행복을 공유하는 삶을 살아나가게 될 것이다(덴마크어로 웰빙(Wellbeing)을 뜻하는 단어 '휘(Hygge)게'는 편안하고 아늑한 상태를 추구하는 라이프스타일을 말한다. 노르웨이어에서 유래한 단어로 알려져 있다. 주로 명사와 동사로 쓰이며 형용사로 '휘겔리(Hyggeligt)'라는 단어도 있다. 휘게를 한국어로 직역하면 '안락함, 편안함'이란 뜻이 되지만 실제로는 그보다 넓은 의미로 사용한다. 단순하고 소박한 라이프스타일을 통해 편안함과 만족감을 느끼는 상황이나 감정을 포괄한다).

유산2. 추억의 물건: 라디오

아버지는 늘 라디오를 들으며 책을 읽으셨다. 아버지가 돌아가신 후 나는 아버지의 라디오를 유품으로 받았다. 내가 사드렸던 라디오이지만, 아버지가 특별히 선물하고 가신 것처럼 특별한 감정이 담긴 추억의 물건이다.

나는 아버지의 라디오를 언젠가 우리 딸아이에게 가보로 물려줄 예정이다. 환전 가치를 따지자면 아주 별 볼일 없는 '메이드 인 인도네시아 SONY' 휴대용 라디오이지만, 가끔 꺼내 볼 때마다 아버지의 따뜻한 체온이 느껴지곤 한다, 인간됨을 가벼이 여기지 말라시던 아버지의 말씀이 꺼진 라디오를 통해 들려오든 듯하다.

유산3. 추억의 그림: 운보의 〈바보산수〉

스물일곱 살에 시집가는 철부지 막내딸에게 아버지는 두 개의 선물을 준비해주셨다. 하나는 운보 김기창의 바보산수화이고, 다른 하나는 열두 폭짜리 서화 병풍이었다. 남편과 독립 시스템으로 삶을 다시 꾸리면서 열두 폭 병풍은 함께하던 집에 남겨두고 운보의 〈바보산

수〉만 간직하고 있다.

교육청을 찾은 화상에게 구입하셨다는 〈바보산수〉는 비단에 그린 그림인데, 아버지는 이것이 진품일 수도 있고 가품일 수도 있지만 딸의 결혼을 축하하는 아버지의 마음을 품은 그림이니 잘 간직하라고 말씀하셨다. 말하자면, 아버지가 딸에게 주는 결혼 선물인 셈이었다.

아버지께 그림을 선물 받던 날의 감동이 나를 약간 동요시킨다. 아름다운 것을 보게 될 때면 그냥 눈물이 나는 이유는 뭘까? 부모님과의 아름다운 대화와 추억이 담긴 그림 한 점을 삶의 공간 속에 품는다는 것은 얼마나 눈물 나도록 아름다운 일인가?

유산4. 추억의 음식: 추어탕

어려서 먹었던 음식 중 기억에 남는 것을 꼽으라면, 추어탕, 삼계탕, 진미 간장 비빔밥이다. 편식을 많이 하던 어린 나는 조기와 구운 김과 소고기가 있어야 밥을 먹겠다고 선언했고, 셋 다 없었던 관계로 엄마는 항상 쌀밥에 진미 간장을 넣고 참기름을 한 방울 떨어트려 비벼주셨다. 금산이 고향인지라 여름과 가을엔 동네 전체가 인삼 냄새로 진동했고, 상품 가치가 떨어지는 부러진 인삼 다리를 넣고 삼계탕을 끓여 자주 먹었다. 그러나 무엇보다 강력한 추억의 음식은 미꾸라지국이라고 불렀던 추어탕이다. 아버지가 워낙 좋아하신 보양식이었고, 추어탕만이 아니라 통발로 민물고기를 잡아서 겨울 한철 빼고는 1년 내내 먹었던 것 같다.

가끔 내 목소리가 큰 이유를 사람들은 금산 출신이라 인삼을 많이 먹은 이유라고 말하지만 오해다. 주범은 추어탕이다. 추어탕에 들어간 소엽 냄새는 지금도 추억을 자극하고 가끔 몸과 마음이 힘든 순간이 오면 나도 모르게 추어탕 집을 찾게 된다. 우리 언니도 그렇단다. 마르셀 푸르스트가 마들렌으로 추억을 소환한다면, 나와 언니는 추어탕의 소엽 냄새로 우리의 아름다운 어린 시절을 소환한다. 우리 아이들에게 잊을 수 없는 가족의 맛과 향기를 남겨주는 것은 참 아름다운 라이프스타일이 아닐 수 없다.

유산5. 추억의 시: 박목월의 〈나그네〉

젊은 시절 소설가가 꿈이셨던 아버지는 오빠네 가족과의 여행 기행문을 한 편 남기셨다. 평소 독서가이셨던 아버지는 소설과 시도 무척 많이 읽고 암송하셨는데, 아버지가 친구분들과 우리 집 마루에 둘러앉아 석양이 지는 하늘 아래서 막걸리를 한잔 걸치시며 암송하시던 박목월 시인의 〈나그네〉를 잊을 수가 없다.

강나루 건너서 / 밀밭 길을
구름에 달 가듯이 / 가는 나그네
길은 외줄기 / 남도 삼 백리
술 익는 마을마다 / 타는 저녁 놀
구름에 달 가듯이 / 가는 나그네

나는 아버지가 바로 시 속의 나그네일지도 모른다고 생각했고 그 순간이 참 낭만적으로 느껴졌다. 어쩌면 막걸리 심부름을 다녀오며 주전자 뚜껑에 조금 따라 마신 막걸리의 취기 때문인지도 모른다. 어쨌든 석양도 불탔고, 아버지 시 속에 빠진 나의 낭만적인 감성도 불타는 저녁놀처럼 아름다운 초저녁이었다.

그 후 박목월 시인의 〈나그네〉 시를 나 또한 자주 암송하게 되었고, 우연히 그 시를 맞닥뜨리게 되면 반드시 그 초저녁 아버지의 시 낭송이 은파처럼 물결쳐 오며 행복감에 빠지게 된다. 어쩌면 아버지는 생전에 누리고 가꾸신 삶의 취향 그대로 내 안에 살아남아 계신 것인지도 모르겠다.

부모와 자녀가 시로서 삶을 공유하고 나누고 추억할 수 있다는 것은 정말 아름다운 하나의 지극한 경지인 것 같다. 오늘! 이 밤! 우리 아이에게 치킨을 한 마리 안길 것인가 시를 한 수 안길 것인가? 아니면 시를 품은 치킨을 안길 것인가? 하하하!

아버지의 시 한수는 비오는 밤 치맥보다 더 간절하고 지극한 보물 중의 보물이다. 딸아이가 네 살 때 우리에게 낸 수수께끼도 하나의 시다, 난 가끔 아이가 그리울 때 그 수수께끼를 시처럼 암송한다.

"발은 발인데 발이 아닌 발은?" (정답은 발톱이었다. 물론 아직도 풀리지 않는 수수께끼다. 발은 발인데 발이 아닌 발이 왜 발톱인지…… 그러나 운율과 언어가 너무 아름답고 유쾌하다. 발은 발인데 발이 아닌 발은?)

유산6. 추억의 놀이: 뱀 주사위 놀이

내가 좋아한? 아니면 몇 번 참가한 가족 놀이 중 기억에 남는 것은 뱀 주사위 놀이다. 사실 다섯 살에 옆집 덕모네 할머니를 통해 입문한 민화투를 더 많이 하긴 했다. 아침에 일어나면 꼭 덕모네 할머니가 집으로 부르셔서 덕모와 셋이서 화투를 치고 아침밥을 먹었던 기억이 있다. 아마도 그때부터 반복적인 게임이나 일들을 지루해했는지도 모르겠다.

어쨌든 우리 가족이 많이 했던 놀이는 윷놀이와 뱀 주사위 놀이였고, 내가 선택한 놀이는 항상 뱀 주사위 놀이였다. 나는 두 개의 주사위를 던져 하는 게임을 좋아했는데, 게임이 빨리 끝나고 초코파이를 빛의 속도로 사와서 먹을 수 있었기 때문이었다. 뱀 주사위 놀이를 할 때면 우리 집 안방은 마치 TV광고 속에 단란한 모범 가정으로 그려지는 가족의 전형이었다. 따뜻한 아랫목과 행복에 겨운 엄마의 표정과 기합을 넣으며 주사위를 던지는 아버지의 액션에 흥분하며 깔깔거리던 우리 사남매의 웃음소리 모두가 참 아름다운 풍경이었다.

문득 우리 딸아이는 어떤 놀이를 보물로 간직하고 있을까? 스스로 자문하게 된다. 아빠와 함께하던 낚시? 아빠와 함께 두던 체스와 장기? 게임만 시작되면 딸은 아빠와 한 통속이 되어 나를 왕따시켰다. 엄마는 게임을 너무 재미없게 해서 같이 하기 싫다는 것이 이유였다. 하지만 그럼에도 불구하고 옆에서 지켜보라며 항상 나를 불러댔다. 그냥 함께하는 시간과 순간이 좋았던 거다.

가족과의 추억의 놀이란 바로 이런 것이다. 그냥 그 순간이 보물이 되는 것. 우리 아이들에게도 엄마 아빠와 함께한 놀이라는 보물하나 만들어주면 어떨까? 아이가 언젠가 외롭고 지치고 힘들 때 아빠나 엄마를 제치고 게임에서 승리하며 시켜먹던 치킨을 추억하며 빙긋이 웃을 수 있도록.

유산7. 추억의 여행: 부리면 솔밭 캠핑

큰 외삼촌이 군용 텐트를 집에 가져오신 이후 주말마다 캠핑을 다녔다. 주로 부리면 솔밭으로 캠핑을 갔고 아버지는 통발로 물고기를 잡고 엄마는 어죽을 끓이며 놀러오신 분들과 이야기를 나누셨다.

나는, 이유는 모르겠는데, 항상 노래하고 춤을 췄다. 어린이 노래자랑에 나온 아이들처럼 제법 율동을 만들어가며 노래를 하면 놀러오신 분들이 잘한다고 박수치며 딸기나 떡 등 간식거리를 나눠주셨다. 가족의 여행이란 이렇듯 항상 같은 패턴이었다. 그러나 나는 항상 가족에 속해 있었고, 부모님의 보호를 받으며 안전하고 아늑한 감정 상태로 아무 할 일도 없는 그 시간 속에 있었던 것 같다.

그런데 돌아보니 내 삶에서 가장 안전하고 평화로운 순간을 꼽으라면 바로 여행의 시간들이었던 것 같다. 적당한 일탈감과 적당한 자유와 적당한 '투 머치' 간식거리들이 그냥 더도 말고 덜도 말고인 상태라고 할까? 내가 그 당시에 무엇을 보고 무엇으로 즐거웠는지는 잘 기억나지 않지만, 부모님을 따라 여행을 나설 때의 설레임은 아직도 심장 한 권에 그대로 생생하게 살아남아 있다.

유산8. 추억의 음악: 오 솔레미오

〈베사메무초〉와 〈오 솔레미오〉는 아버지의 '18번'이었다. 총각 시절 아버지는 만약 결혼해서 딸을 낳으면 피아니스트로 만들어서 딸아이의 반주에 맞춰 이탈리아 가곡과 독일 가곡을 부르는 성악을 취미로 삼겠다는 꿈을 꾸셨다고 했다. 그 덕분에 큰딸인 언니는 어려서부터 피아노를 배웠다.

하지만 아버지의 성악 취미는 이탈리아 칸초네를 18번 삼아 부르시는 것으로 대체되었다. 약주를 한잔하시는 날이면 늘 〈베사메무초〉와 〈오 솔레미오〉를 부르셨다. 우리는 가끔 아버지 기일에 제사상 앞에 모여 앉아 아버지가 즐겨 부르시던 노래를 듣고 따라 하며 우리가 한 가족임을 확인하곤 한다. 다른 사람들은 절대 알 수 없는 우리들만의 정서적 교감으로 공감하며 우리가 서로 한 가족임에 감사한다.

아버지의 18번은 오빠가 떠난 후 하나가 더 추가되었고 우리는 아버지가 부르시는 노래에 따라 아버지의 기쁨과 슬픔을 금방 읽어낼 있었다. 그리고 흘러간 우리 가요가 얼마나 시적이고 아름다운지도 알게 되었다. 부모가 되어 즐겨 부르는 노래가 있다는 것은 그리고 그것으로 희로애락을 표현한다는 것은 자식들에겐 진짜 삶의 보석이다.

부모의 노래가 기쁘거나 슬프거나 아이들은 부모의 노래 속에서 성장한다. 기쁘거나 슬프거나 부모가 함께한다는 것만으로도 위안을 받으며 또 한 번 성장한다. 부모가 노래를 한다는 것은 우리 아이들의 화분에 영양 수액과 물을 동시에 주는 것과 같다. 이 밤, 남인수의 〈애수의 소야곡〉을 아버지처럼 작은 소리로 불러본다.

운다고 옛 사랑이 오리오마는
눈물로 달래 보는 구슬픈 이 밤
고요히 창을 열고 별빛을 보면
그 누가 불어주나 휘파람 소리. (…)

유산9. 추억의 책: 《키다리 아저씨》

열한 살, 초등학교 5학년일 때 아버지로부터 선물 받은 《키다리 아저씨》는 내 인생의 책이 되었다. 《키다리 아저씨》를 읽으면서 소설이라는 것이 이렇게 즐거울 수 있는 거구나 하는 생각을 했다.

《키다리 아저씨》를 사러 아버지와 함께 갔던 '금성서점'에서 책의 세계에 처음 입문했다. 그전에 학습 전과를 사러 서점에 갔던 적이 있었겠지만, 서점에서 책을 고른다는 것이 어떤 느낌인지 그리고 나의 책을 산다는 것이 어떤 기쁨을 주는지를 처음 알게 된 것이다.

딸아이에게도 나의 소중한 경험을 전해주고 싶어서 서점에 정말 많이 데리고 다녔다. 아이도 마찬가지로 서점에 가고 책을 사고 예쁜 문구류를 '득템'하는 것에 삶의 맛을 느끼고 있음을 간파했다. 아이는 정말 즐거워했다.

부모의 유산이란 단순히 물질적인 것만이 아니라 행위와 경험도 포함한다. 단순히 낭만적인 소설인 《키다리 아저씨》 책을 갖게 되어서만이 아니라 서점에서 이루어질 수 있는 모든 경험들이 우리 부모들이 아이들에게 물려줄 수 있는 유산이 된다. 지금도 나는 여전히 아버지처럼 책벌레다. 밀레니얼 세대인 딸아이의 독서 패턴은 나와 같지 않아서 e북을 주로 보지만 그렇다고 책을 사지 않는 것은 아니다.

지금 당장 책을 접고 아이의 손을 잡아라. 그리고 서점으로 가라. 아마도 자유를 만날 것이다. 책을 구경하는 동안 아이는 그것에 빠져 부모의 존재를 잊고 자신 안으로 몰입해 들어가며, 다른 사람들의 책에 몰입된 행동을 몸소 경험하며 따라 하게 된다. 그리고 오랫동안 고른 책 하나를 선택하여 사게 될 때 자신의 선택에 대한 작은 성취감이 아이들 더 든든하게 만든다. 딸아이가 어려서 《땡땡》, 《홍차 이야기》, 《캔디캔디》 등의 책을 좋아해서 시리즈로 모았는데, 나도 같이 즐거웠던 기억이 있다. 아이가 성장하여 혼자 벨기에로 여행을 가며 가장 먼저 찾아간 곳이 브뤼셀의 땡땡 박물관이기도 했다.

일본의 츠타야 서점과 라이프스타일 숍 군겐도의 기획이 마음에 드는 것은 바로 이런 삶의 경험을 삶의 행복으로 판매하고 있다는 점이다. 이제는 라이프스타일 시대다. 인터넷으로 책을 주문하는 것보다 서점을 찾아 아이와 책을 고르는 '행위'와 '경험'을 선물해보라. 아름다운 곳을 함께 여행하고 멋진 식당을 찾아가고 예쁜 옷을 함께 고르는 '행위'와 '경험'을 선물해보라. 위대한 유산이란 바로 우리가 아이들과 함께 유영하는 삶의 '순간'과 '행위'와 '경험'임을 금방 알게 된다. 책을 사는 경험은 진짜 위대한 유산이다.

보물10. 추억의 선물: 인형

아버지와 함께 떠오르는 즐거운 기억 중 또 하나는 선물이다. 여행을 다녀오실 때는 반드시 선물을 사오셨다. 엄마와 언니와 나에게는 조가비를 엮은 목걸이 등 정말 많은 목걸이를 선물하셨다. 왜 그걸 제대로 간직하지 못했는지 모르겠다. 진짜 사랑과 추억이 담긴 유산인데……. 출장만 다녀오셔도 양손 가득 들려 있던 호두과자, 땅콩 등 평소에 먹을 수 없던 간식거리도 우리에게는 큰 선물이었다.

나도 아버지를 따라 한다. 여행을 가거나 출장을 가거나 꼭 딸아이의 선물부터 챙긴다. 아이가 얼마나 기뻐할까를 상상하면서. 아마도 그게 사랑인 것 같다. 크리스마스 때마다 우리 사남매에게 선물하셨던 롯데와 오리온 종합선물세트는 축복 중의 축복이었다. 가장 기억에 남는 선물은 아버지가 유럽 출장을 다녀 오시면서 내 선물로 사오셨던 《엘르》 잡지다. 물론 내가 부탁해서 사오신 잡지책이었지만 잡지광이었던 나로서는 최고의 선물이었다. 핫핑크색 드레스를 입은 금발의 미녀가 웃고 있는 그 잡지를 나는 아직도 소장하고 있다. 6학년 때 처음으로 사주셨던 바비인형도 핫핑크색 옷을 입고 있었다. 핑크색을 좋아하지는 않지만 내 닉네임도 핫핑크다. 아마도 아버지로부터 선물 받았던 핑크색의 감각이 여전히 나를 기분 좋게 하고 있는 것 같다.

일상 속에서 특별히 기념일이 아니라도 아이를 위해 선물을 준비하고 아이의 기쁨을 상상한다는 것은 그자체로 참 행복한 일이다. 아이의 행복을 위해 선물을 사는 내 마음 속의 기쁨과 선물을 받는 아이의 기쁨에 찬 환호성이 모두 우리의 소중한 삶의 선물이고 아이들에게 물려줄 위대한 유산이다.

이렇게 생각해보니 나는 참 행복하게 어린 시절을 보냈다는 생각이 든다. 나의 유쾌하고 긍정적인 라이프스타일도 부모님이 물려주신 위대한 유산, 부모님의 라이프스타일 때문이었음 다시 한 번 확인하게 된다. 돌아가신 아버지를 중심으로 그분이 내게 주신 위대한 유산을 정리해보았지만, 엄마 또한 너무 많은 유산을 내게 주셨다.

부모의 삶과 그 삶의 스타일이 아이의 미래라는 것은 바로 이런 잊지 못할 기억과 감정들이 추억으로 남기 때문인 것 같다. 특히 행복한 기억과 감정들은 아이의 삶의 취향이 되고 그대로 라이프스타일의 기초가 된다. 우리가 아이들에게 물려줄 유산은 재산만이 아니라 부모와 함께한 시간과 행복한 경험임을, 그것이 바로 위대한 유산이고 아이들 라이프스타일의 중요한 요소가 된다는 것을 잊지 말자.

• 4장 •

삶을 풍성하게 만드는 경험을 선물하라

여행: 스스로 경험하고 스스로 배운다

기업은 소비자에게 경험을 판다

어느 날 백화점에서 아주 이색적인 매장을 발견했다. 남성복 매장에 도마와 전통 개다리소반과 무쇠 솥단지까지 디스플레이 되어 있었던 것이다. 이 브랜드의 모델인 배우 공유는 매장에 걸린 광고 사진에서 편안하고 담백한 슬로우 라이프 이미지를 보여주고 있었다. 전반적으로 고객들의 패션은 물론 일상생활과 여가 시간까지도 '에피그램 스타일'로 제안하는 분위기가 매장 안에 가득했다.

코오롱인더스트리㈜의 라이프스타일 브랜드인 에피그램은 '심플하고 절제된 감도와 편안한 감성의 라이프스타일 큐레이팅 브랜드'라는 콘셉트로 의류는 물론 주방 소품, 목욕 소품, 문구 잡화 등을 라이프스타일 카테고리로 독립시켜 모든 제품을 의류 콘셉트와 맞추어 제작, 판매하고 있다.

광고 속의 공유는 하동 녹차 밭을 느리게 걷고 혼자서 풍광을 호흡한다. 현대인들의 혼밥 혼술을 즐기는 솔로이코노미(Solo Economy: 1인가구를 대상으로 하는 소비시장을 말한다) 문화 트렌드가 반영된 모습을 확연하게 확인할 수 있는 대목이다. 2035년에는 1인가구가 35퍼센트에 이를 것이라는 전망을 미리 읽어낸 에피그램은 사업 비전을 1인가구에 맞게 전략적으로 바꾸었다.

자체 매거진을 통해 사람들 삶의 터전인 '동네'와 삶을 일구어가는 '사람'을 중심으로 슬로우 라이프 특집 기사를 홈페이지에 올려 취향과 취미가 같은 이들끼리 여가를 함께 즐기는 살롱 문화나 친환경 공유경제 같은 새로운 문화 트렌드를 전달하고 있다. 솔로이코노미, 친환경, 젠더뉴트럴(성 중립), 여행 등 인간의 삶의 가치 자체의 중요성을 경험시키는 것도 에피그램이 더불어 하는 일이다. 이는 일본의 라이프스타일 전문 숍인 '군겐도'가 시골에 본사 매장을 가지고 슬로우 라이프를 소비자에게 경험시키며 자신들의 브랜드 철학을 학습시키는 것과 맥락을 같이한다고도 볼 수 있다.

에피그램이나 군겐도는 모두 여행과 현장 소비의 경험을 판다. 여행을 통해 얻을 수 있는 길 위의 배움들을 다양한 상품과 연결시키면서 소비자를 학습시킨다. 길 위에 선 인간은 늘 새로움과 마주하게 되고, 그래서 여행은 그 자체가 배움이고 학습이 된다.

17세기 영국을 중심으로 유럽 상류층 귀족들이 프랑스나 이탈리아를 돌아보며 문물을 익혔던 그랜드 투어(Grand Tour)의 전통 또한 여행의 학습 효과를 꿰뚫어보았던 유럽인들의 통찰 덕분이 아니었을까?

스스로 놀고 배우는 프랑스 '바캉스 스쿨'

20년 전에 프랑스의 바캉스 스쿨에 대해 읽었던 잡지 기사가 생각난다. 프랑스 주재원으로 이주한 한국인 부모가 아들이 학교에 적응하지 못해서 고민하던 중 여름 방학을 맞아 바캉스 스쿨에 아이를 혼자 보내며 겪게 된 변화의 이야기였다.

흰 얼굴에 불안한 눈동자의 아이가 참가한 바캉스 스쿨의 프로그램은 프랑스어가 서툴러 소외를 겪고 있는 아이에게 잘 맞는다고 생각된 무인도 체험이었다. 전체 교육 프로그램이라고 해봤자 단기간의 바캉스 스쿨 지도자 훈련을 받은 대학생들의 안내로 이루어지는 단순한 프로그램이었다. 코스는 다음과 같다.

1. 새벽 6시에 기상해서 세수한다.
2. 그날 무엇을 하고 놀지를 친구들과 논의한다.
3. 샐러드와 빵으로 식사를 하고 실컷 논다.
4. 점심식사 후 대학생 지도자들과 함께 2킬로미터가 넘는 곳에 있는 강으로 걸어가서 수영을 하며 논다.
5. 저녁을 먹고 자유 시간을 가진 뒤 일기를 쓰고 잠자리에 든다.

그런데 글쓴이의 아들이 그 단순함 속에 한 달을 보낸 뒤 집으로 돌아왔을 때는 까만 피부에 눈빛이 살아 생글거리는, 전혀 딴 사람이 되어 있었다는 것이다.

한 달 동안 무인도에서 진행된 바캉스 스쿨 교사들이 한 일은, 아이들의 식사 준비와 안전 관리가 전부였다. 그런데 어떻게 흰 얼굴에 불안한 눈동자의 아이가 구릿빛 얼굴에 생기가 번득이는 눈동자를 갖게 되었던 것일까?

무인도는 아무도 살지 않고 어떤 법이나 규정이나 제약도 없는 곳으로 오로지 '생존'에만 모든 일상의 목표가 집중된 상징적 장소다. 그렇기에 아이들은 그 누구의 간섭도 받지 않고 단순히 일정한 시간에 일어나서 밥 먹고 놀고 운동(수영과 걷기)하고 잔다는 단순한 규칙만 지키면 온전히 자유와 자율성을 담보받을 수 있었다. 현대 한국의 고급 교육 용어로는 자학 자습 또는 자기 주도적 자율학습이 제대로 이루어지는 시공간이었던 셈이다.

아이들은 누군가 깨우지 않아도 제 시간에 벌떡 벌떡 일어났는데, 이유는 매일 아침마다 뭘 하고 놀지 신났기 때문이었다. 아침에 눈 뜨자마자 양치질을 다 마치기도 전에 무엇을 하고 놀지를 연구하고 친구들과 협력을 통해 놀이를 실컷 즐기고 또 배불리 먹고 푹 자는 일상이 얼마나 즐거웠을까? '놀아본 언니 오빠들이 잘 논다'는 말은 틀린 말이 아니다. 아이들은 놀이의 경험을 다양한 스펙트럼으로 발전시키고 변형시키며 기가 막히게 창의적인 것들을 만들어낸다. 잘 놀 줄 아는 아이들이 일도 놀이처럼 즐겁게 한다.

모래성 쌓기 하나만도 전쟁형, 도시형, 함께 만들어가는 낙원형 등 다양하다. 단, 이런 놀이에서는 놀이 공동체 안에서 모두 협력해야 한다는 미션이 있다. 그래서 아이들은 타자와 소통하고 협력하며 창의적으로 놀면서 행복해지는 지혜를 배워나가는 것이다. 그리고 하루를 마무리하는 시간에 일기를 써서 하루를 정리하고 성찰하고 기록하는 시간을 갖는데, 이때 내면적인 성숙은 저절로 따라오기 마련이다.

이것이야말로 여행 스타일 융합 프로젝트 교육이 오를 수 있는 최고의 경지가 아니고 무엇이겠는가? 교사의 간섭을 최소화하고 학생들의 자율적이고 주체적인 활동을 강조한 통합적인 미래 교육의 대안이라고 할 수 있을 것이다. 미래 교육에서 부모와 교사는 간섭을 최소화하고 촉진자와 서버의 역할에 충실하면 된다.

교육과 휴식의 결합

요즘 아이들은 교사의 지식보다는 인터넷 검색창이 보여주는 지식을 더 선호하며 온라인 스타 강사를 더 중요한 스승으로 모신다. 거기에 더해 '전지전능한 구글'과 '유튜브 신(神)'까지, 아이들을 마구 가르치고 공부시킨다.

이제 부모와 교사들의 역할은 안전 관리와 스케줄 조정 정도로 좁혀졌다. 마치 프랑스 '바캉스 스쿨'의 교사들이 된 듯하다. 최소한의 개입만 하고 아이들 편에 맡겨두는 것. 하지만 이때에도 간과하지 말아야 할 것이 있다. 바로 지도자들의 핵심 업무라고 할 수 있는 '비전' 제시다! 아이들을 이끄는 부모와 교사가 더 큰 비전을 제시할 때 아이들의 삶의 크기는 완전히 다른 스펙트럼을 가진 전혀 다른 세계에 속하게 된다는 점을 잊지 말아야 한다. 이와 관련한 여행 스타일 융합 프로젝트 교육을 하나 더 소개하고 싶다.

수년 전 공연 전문잡지 《객석》에 잡지평이 당선되어 2004년 Various/ Ales Music에서 발행한 '교육과 휴식(Educacion Y Descanso)'이라는 주제의 음악 CD를 선물로 받았었다. 당시 CD를 받고 나는 큰 충격을 받았다. 음반사에서 CD를 제작하기 전에 미리 '교육과 휴식'이라는 주제로 스토리텔링을 하고 거기에 맞는 음악을 선별하여 담았기 때문이었다. 그때까지 일반 가수들의 음악 CD와는 전혀 다른 제작 방식이었다. 정말 깜짝 놀랄 일이 아닐 수 없었다.

음반에 담긴 스토리는 바캉스를 떠난 가족들의 이야기였다. 부모들은 여행지에서 취미 생활과 독서를 하며 여가를 즐기고, 아이들은 아이들대로 바캉스 스쿨에서 놀면서 배운다는 내용이었다. 그때부터 나는 '교육과 휴식'이라는 리조트를 만들어서 놀면서 배우는 교육을 해야겠다는 꿈을 가지게 되었다. 그리고 여기에 자극받아 대전교육연수원 재직 시 음악 교육 프로그램을 만들었는데, 주제를 주고 스토리텔링을 한 후 CD 재킷 디자인을 하는 것이었다. 이 프로그램은 특히 아이들에게 인기가 좋았다. 디자인, 미술, 음악, 글쓰기 등의 지식이 총망라되는 것이었는데, 이후로도 아이들과 교사 모두에게 꾸준히 사랑받는 융합 교육 프로젝트로 남았다.

여행 프로젝트로 아이들과 놀다

2017년에 인도를 여행하고 인도의 20대 젊은이들의 사회 참여와 능동성에 자극받아 '인디아 프로젝트'라는 여행 스타일 융합 프로젝트 교육을 만들어서 역사 수업을 진행했다.

이 수업에서 학생들은 인도로 가상의 여행을 떠나기 전 그곳의 호텔 경영자, 레스토랑 주인, 예술가 등과 내 계정의 페이스북으로 연결하여 자신들만의 론리 플래닛(Lonely Planet)을 만들었다. 페이스북과 연결된 이들은 이전 인도 여행에서 나와 만났던 분들로 한 달에 걸쳐 사전에 교육 협의를 한 분들이었다.

인도에 대한 역사, 지리, 문화 등 도입 수업을 한 뒤에 학생들은 북인도를 중심으로 가고 싶은 여행 코스를 정했고, 해당 지역에 있는 지역민들과 영어로 페이스북 메시지를 주고받으면서 직접 그곳의 숙박과 음식 및 여행지를 물어보며 여행 일정을 직접 계획했다. 예술가들과 대화할 때는 인도의 환경주의 작가들과 연계하여 페이스북 메시지로 직접 그들의 작품들을 보여주게 하여 예술교육을 함께 진행했다.

1학기 동안 과정형 수행평가로 진행된 이 프로젝트 교육은 역사, 종교, 영어, 지리, 경제, 화폐, 예술, 환경, 미디어 등 매우 다양한 분야의 교과들이 융합되며 학생들 스스로 배움에 이르는 교육성과를 가져왔고, 아이들이 서로 협력하여 영어로 질문을 만드는 과정에서 수업의 즐거움도 배가되었다. 물론 과정형 수행평가로 디자인되어 교과평가까지도 가능했으며, 학생들 각자가 만든 론리 플래닛을 교과 학습 페스티벌 때 전시하여 성취감도 고조시킬 수 있었다.

실제로 그를 바탕으로 수능 이후 일본 여행을 간 남학생들이 외국에서 인증 사진과 보이스톡을 보내오기도 했다. 인도가 아닌 일본이었지만, 아이들은 수업에서 얻은 경험으로 실제 외국 여행을 감행하는 용기를 낼 수 있었다고 했다. 여행 경비도 아르바이트를 해서 스스로 번 돈으로 충당했다. 바로 이것이 여행 스타일 융합 프로젝트 수업의 최고의 성과가 아닐까? 만약 여러분에게 외국인 친구가 한 명이라도 있다면 가정에서 부모님과 함께하는 '인디아 프로젝트'도 아이들과 즐겁고 쉽게 할 수 있는 교육이다.

길 위에 선다는 것 자체만으로도 우리는 새로운 앎과 대면하고 자신의 내면을 직시하게 된다. 그 자체만으로도 여행 스타일 융합 프로젝트 교육은 미래 교육의 화두가 될 라이프스타일 교육의 백미라고 할 수 있다. 자신의 아이와 함께 여행을 가는 것만으로도 즐겁고 행복한 일인데, 그것이 완벽한 프로젝트 교육으로 미래를 준비할 수 있다니 일거양득이요 금상첨화 아닌가? 바캉스 시즌에 아이들에게 '교육'이란 사실을 들키지 않으면서도 엄마의 교육열을 불태울 수 있는 여행 스타일 융합 프로젝트 교육이 있어 팁으로 소개해볼까 한다.

Let's do it

여행 라이프스타일 교육

전통 방식 소꿉놀이

캠핑을 떠나 전통 방식의 소꿉놀이를 한다. 주운 돌로 풀을 찧어서 반찬을 만들고 흙으로 밥을 만든다. 이 놀이의 핵심은 돌과 나무막대, 풀잎 등으로 식기와 도구, 음식을 만드는 과정에 있다. 자연에서 얻은 재료로 얼마나 근사하게 차려내는가가 그 자체로 라이프스타일 교육이 된다. 단순한 소꿉놀이 같지만 유사시에 아이들에게 생활의 기술로 쓰일 수 있다. 캠핑 요리를 아이와 함께 만드는 것도 무척 좋은 효과를 가져온다. 이와 연계하여 넓적한 돌을 깨끗이 닦아 식사 시간에 캠핑 요리를 담아내는 것도 팁이다.

아이를 따르라

아이의 안내에 따라 동네를 걸어보고 공원을 걸어본다. 아이가 계획한 여행지로 아이의 계획대로 따라간다. 아이가 찾아낸 맛집을 방문하고 아이가 찾아낸 볼거리를 본다. 그저 부모는 아이의 보호자일 뿐 철저히 아이의 안내에 따른다. 책임자인 아이를 따라 아이가 계획한 대로 따라다니며 결제만 할 뿐 토를 달지 않는다. 그리고 집으로 돌아와 한마디만 한다. "감동적인 하루였어! 잘 커줘서 고마워! 네가 너무 든든하고 자랑스러워! 정말 잘 컸다 우리 사랑이!"

세상 모든 체험 여행

아이들과 모든 체험이란 체험은 다 해본다. 이때 자녀와 부모가 자연스럽게 스킨십이 이루어지는 활동을 하면 훨씬 더 효과적이다. 특히 부모에게 마음을 쉽게 열지 않는 중학생들에게는 신체 활동이 소통의 포문을 열어주는 열쇠가 된다(엄마가 연약한 척 엄살 부리며 아이에게 도움을 요청하면 아이는 자신이 부모의 보호자 같은 기분으로 책임감을 느끼며 친절하고 든든해진다). 씨름 한 판도 강추! 남자 중학생과 아빠의 힘겨루기는 완전한 소통의 언어다. 팔씨름도 물론 대환영이다.

모래와 흙으로 집짓기

- 자신들의 상상이 가미된 모래성이나 흙집을 짓는다.
- 황토나 흙으로 벽돌을 만들어 집을 짓고 캔들 스탠드로 이용해도 좋다.
- 도자기 흙이나 황토 사용 시 서로에게 흙칠을 하며 친구처럼 놀아주는 것도 감성과 의사소통을 높이는 교육으로 매우 좋다. 단, 모래를 뿌리는 모험은 자제할 것. 관계가 급속히 불편해질 수 있다.
- 지은 성이나 집을 무너뜨리고 다시 짓고 하는 과정을 사진으로 촬영한다.
- 모래성 쌓기 놀이 후 촬영한 사진을 함께 보면서 모래성이 완성되었을 때의 감정과 무너뜨렸을 때의 감정을 나누며 그 차이를 알아간다.
- 무너진 성은 다시 쌓으면 되고, 무너졌기에 새로운 성이 새롭게 탄생할 수 있었다는 점에 대해 의미를 부여해준다. 이때 아이가 실패한 경험이 있는 사건을 살짝 짧게 대입시키면 아이는 금세 깨닫는다. 포기하지 말아야 함을.

아이와 대화가 단절되었거나 관계가 서먹해졌을 때 '엄마의 여행법'

- 여행지가 어디든 아이와 스킨십을 많이 할 수 있는 놀이를 선택한다.
- 오며 가며 아이의 등을 말없이 토닥거리며 흐뭇한 표정을 짓는다(너무 자주 하면 싫어함).
- "고마워, 사랑해"를 시시때때로 연발한다(중1, 2는 피할 것. 호르몬이 엉켜 있고 그냥 부모는 다 싫고 친구는 다 좋은 시기다. 이 시기 뇌의 구조가 그렇다).
- 어떤 상황에서도 언성을 높이지 않고, 상황을 설명해달라고 요청하고 엄마의 기분도 침착하게 전달해준다. 예스와 노가 분명해야 한다. 차분하게 자신의 니즈를 전달한다.
- 중고등학교 자녀에게 잠들기 전 초등 4학년 수준의 동화책을 여행지에서 간단하게 읽어주는 것도 매우 효과적이다(엄마 무릎을 베고 누워서, 또는 품에 기대서).
- 출렁다리가 있는 산에 가서 다리를 함께 건넌 후 대화를 시도한다. 뇌의 도파민 작용을 이용한다. 연애할 때처럼 공포영화를 보고 대화하는 것도 효과적.

바다	갯벌 체험, 바나나 보트, 머드 축제 참가, 팔과 손 등에 선크림 발라주기
계곡, 강	래프팅, 캠핑 도구 함께 구입하기, 캠핑 용품 사용법 물어보고 칭찬하기
산	경사가 급하지 않은 완만한 산을 선택하고 발을 삐끗한 척 엄살을 부려 부축받기. 경사가 너무 급한 산은 아이의 호흡을 빠르게 하여 대화를 오히려 단절시키므로 주의할 것

웰빙: 인류의 영원한 지향점

윌리엄 모리스: 누구나 일상적으로 예술을 누려야 한다

도화지에만 그림을 그려야 할까? 우리 일상 속 밥상 위에도 아름다운 식기로 얼마든지 아름다운 화폭을 펼칠 수 있다. 이 모두가 가능한 것은 생활 예술로서의 공예의 역할 덕분이다.

19세기 후반 미술공예운동을 이끌었던 공예운동의 선구자 윌리엄 모리스(William Morris)나 현재 전 세계로 확산된 의류 재활용 축제인 '스왑 모 라마 라마'의 기획자이자 21세기 수공예 메이커인 웬디 제하나라 트레메인(Wendy Jehanara Tremayne)의 지향점은 놀라울 정도로 똑같다. 둘 다 '좋은 삶(well-being)'을 지향했기 때문이다.

이런 관점에서 라이프스타일 교육으로서의 공예의 역할과 미래 교육의 가능성을 영국의 대표적 디자이너 모리스의 공예운동과 미래 시대 자급자족 탈상품화 라이프스타일을 선도하고 있는 트레메인의 신개념 공예운동을 통해 확인해보자.

생활에 예술적 아름다움을 부여하고 일상을 예술로 격상시키고자 했던 모리스의 공예운동은 그야말로 현대인들이 그토록 열망하는 좋은 삶, well-being을 지향한다. 영국의 시인이자 디자이너이며 공예가였던 그는 가구, 스테인드글라스, 벽지, 타일, 태피스트리, 자수, 캘리그라피 인쇄 등 리빙 스타일의 모든 분야에서 공예를 예술적 경지로 올려놓았을 뿐만 아니라 일상적인 생활공간과 일반 시민의 생활 속 일상용품까지 예술의 경지에 올려놓았다. 모리스는 누구나 인간답게 살고 아름다운 환경에서 일상적으로 예술을 누리기를 바랐다.

이러한 윌리엄 모리스의 공예운동은 일반 서민들의 라이프스타일에까지 영향을 미쳤다. 우리가 각자의 라이프스타일을 가지고 지나치게 열심히 일하면서 돈 벌고 결혼하고 자신의 삶과 공간을 꾸며나가는 것도 결국엔 모리스처럼 좋은 삶을 이루고자 하는 욕망 때문이다. 그렇다면 생활예술로서의 공예 교육은, 단순히 리빙 스타일의 디자인 혁신이 아닌 삶 전체의 비전과 지향점을 돌아보게 하는 인문 교육의 단초가 될 수 있다.

좋은 인생 실험실: 어떻게 해야 할지 몰라도 일단 시작하라!

웬디 제하나라 트레메인이 쓴 《좋은 인생 실험실》(황근하 옮김, 샨티, 2016)은 상품경제와 디지털 사회 속에서 최소한의 문명의 혜택으로 최대한의 자연의 혜택을 누리며 어떻게 자유인으로 자기 삶의 주인이 되어 살아갈 수 있는가를 그린, 자급자족적 21세기 가내 수공업에 대한 실험 보고서다.

트레메인과 그의 동반자 마이키 스클라(Mikey Sklar)는 뭐든지 만드는 '메이커'답게 뉴멕시코 남부의 사막 지역에 종이 콘크리트 집을 짓고 산다. 그들은 소비자로 살기를 그만두고 그들 손으로 직접 만든 것으로 살아나가기 위해 생물학, 화학, 식물학, 건축, 물리학, 약초학, 전자기술 심지어 섬유 디자인부터 자동차 수리까지 많은 종류의 지식을 스스로 익히고 배웠다. 그러는 사이 두 사람은 점점 못하는 일이 없어졌고 이러한 기술을 바탕으로 자급자족의 생활을 이어가게 되었다. 필요한 물건은 스스로 만들어 썼고, 쓰레기를 재활용해 살아갔으며, 채소를 직접 키우고 손수 요리를 했다.

그들은 자급자족의 방식을 넘어서 디지털 공동체 생태계를 만들었다. 블로그를 운영하고 유튜브 채널을 갖고 있으며 온라인 상점도 운영한다. 지속 가능한 방식으로 살고 싶은 바람을 바탕으로 설립한 재활용 온라인 공동체 '스왑 오 라마 라마'는 전 세계인들의 친환경적인 삶의 변화를 촉진하고 있다.

19세기의 윌리엄 모리스가 공예운동만이 아니라 고 건축물 보호

및 환경미화 운동에 앞장서서 지속 가능한 인류의 '좋은 삶'을 지향했던 것처럼 21세기의 공예운동가 메이커인 웬디 부부도 탈상품화를 통해 지구 환경보호와 '좋은 삶'을 지향하는 주체적 삶에 초점을 맞추고 있음을 확인할 수 있다.

모리스와 예술가 그룹들이 모여서 작업하던 공동체 공간 레드하우스는 웬디의 온라인상 공동체로, 현재 전 세계로 더욱 크게 확장되어 그들의 탈상품화 라이프스타일을 전파하는 데 앞장서고 있다.

가르치기 위해 배우고 배우기 위해 가르친다

전에 근무하던 학교에 행복 교실을 만들었다. 이 교실에서는 담배꽁초가 가득한 운동장 귀퉁이를 밭으로 일궈 토마토와 상추를 키워서 토요일 방과후 활동 시간에 요리 재료로 썼고, 목공예 수업에서 테이블과 의자를 직접 만들어 사용했으며, 도자기, 우드버닝, 요리, 펠트, 퀼트, 전각, 가죽 공예, 사진 인화, 영화 제작, 뜨개질, 꽃꽂이, 떡 만들기, 분식점 메뉴 개발 등 아이들이 직접 손으로 만들어 생활의 기초를 삼을 수 있는 모든 것을 전문 강사들을 채용하여 가르쳤다.

이 일련의 일들로 아이들이 바로 독립적인 생활을 하게 된 것은 아니다. 하지만 그냥 어쩔 수 없이 살아가는 아이들은 행복 교실을 통해 삶을 영위하고 지속할 수 있는 '삶의 용기'를 키울 수 있었다. 아니, '살아갈 용기'를 키웠다. 미래 사회의 라이프스타일로서의 공예는 전통적인 개념의 공예와는 다른 디지털화가 기본이 되고 새로운 디지털 사물을 만들어내는 메이커들이 그 자리를 대체할 것이다. 이런 맥락에서라면, 메사추세츠 공대(MIT) 과학자들이 주장하는 인공지능 안전 교육은 과학 기술자들에게만 해당되는 것이 아니라 학생들의 소프트웨어 윤리 교육이나 인성 교육 프로그램 항목에도 들어가야 한다. 집에서 하는 메이커 교육도 마찬가지다.

집에서 하는 라이프스타일 교육으로서의 공예 교육도 당연히 윤리 교육이 기반이 되어야 한다. 무엇을 위한, 누구를 위한 공예품인가를 먼저 생각하고 돈을 위한 생산인지 아니면 최소 생활을 위한 생산인지 등에 대한 판단을 먼저 해야 한다. 돈을 위해 생산을 하는 경우 시간을 잃고 자신을 잃게 될 확률이 잠재함을 알아야 하고 생활을 위한 생산의 경우 검약한 생활이 기초가 되어야 함과 동시에 지구환경에 공헌할 수 있는 삶으로서의 의미와 가치 또한 확보하게 됨을 알고 선택해야 한다.

선택 자체가 바로 '삶의 용기'다. 선택은 자신이 하고 과오도 자신이 책임진다는 성숙한 삶의 태도를 배워가는 것이야말로 라이프스타일 교육의 기초다. 같은 목공예 수업이라도 튼튼한 탁자와 의자를 만들어야 하는 경우가 있고, 잘 고장 나는 허술한 탁자와 의자를 만들어야 하는 경우가 있다. 양로원 등에 기탁할 봉사가 우선이 되는 활동에서는 튼튼한 의자와 탁자를 만들어야 하고, 학생들과 대화와 상담이 필요해서 목공예 수업을 하는 경우는 허술한 못질과 톱질로 자주 수리하는 상황을 만들어 학생을 쓸모 있는 사람으로 포지셔닝해줘야 한다. 그리고 되도록 디테일한 도안을 그린 페인팅 과정을 통해 수업 시간을 늘려서 소통의 기회를 많이 만든다면 소기의 목표에 도달할 수 있다.

자신의 아이와 가정에서의 일상 교육도 마찬가지다. 아이와 대화가 소원하다면, 엄마가 자녀에게 도움받을 상황을 많이 만들어야 한다. 아이를 위해서는 쇳덩이도 들어 올릴 수 있는 정신력의 엄마들이지만, 힘들다고 엄살을 피우거나 나이를 핑계로 허리와 무릎 관절이 아프다고 끙끙대면 아이들은 귀찮아하면서도 도움을 주러 자기 방에서 나온다. 모든 융합 교육은, 모든 라이프스타일 교육은, 모든 교육과정은 목표와 전략이 명확할 때 교육성과에 도달할 수 있다. 그것이 아이들을 가르치는 지혜다.

아이들에게 더 많이 질문하라, 배움을 요청하라, 가르치기 위해 배우고 배우기 위해 가르친다는 것은 교육의 변치 않는 고전이다.

Let's do it

공예 라이프스타일 교육

포슬린 아트

집에서 할 수 있는 공예로 도자기 그림 그리기를 추천하고 싶다. 물론 작업이 끝난 후 전문 공방에 가져가서 구워야 하는 불편함은 감수해야 하지만, 가족의 문장이나 대표 사인을 만들어 그릇을 디자인하고 찍어 넣는 과정은 자기 가정에 대한 아이의 자존감을 강화시켜준다.

바느질

반려견의 옷을 간단하게 만드는 과정은 아이들에게 바느질을 쉽게 배울 수 있는 좋은 동기를 부여해준다. 바느질은 새로운 것을 만들어내는 창의성과 성취감은 물론 마음을 차분하게 가라앉히는 명상의 역할도 한다. 양반집 규수들이 좁은 안방에만 앉아 견뎌낼 수 있었던 것은 아마도 바느질과 관련된 규방 공예 덕분이 아니었을까?

주얼리 공예

남자도 여자도 외모에 엄청난 관심을 기울이는 시대다. 팔찌와 목걸이는 남녀 불문하고 모두가 좋아하는 장신구다. 집에서 주얼리 공예를 가족이 함께 하는 것도 큰 즐거움이다. 특히 구슬 꿰기는 어떤 구슬을 어떻게 꿰고 배치하느냐에 따라 디자인이 모두 달라진다. 이는 아이들에게 선택과 배치에 따라 어떤 삶의 경지가 나올 수 있는지를 알려주는 디자인 인문학이 된다.

분야별 기술 리스트(《좋은 인생 실험실》 참조)

| 가내수공업 규모를 키우면 늘어나는 것과 성장을 제한하면 늘어날 것들 |

규모를 키우면 늘어날 것들	성장을 자발적으로 제한하면 늘어날 것들
돈	풍요
시간 부족: 낮은 품질의 기성품 구입이 늘어남.	신선하고 건강한 먹을거리를 기르고 요리할 수 있음: 품질 높은 수제 음식을 먹을 수 있음.
스트레스: 마감 기한, 서류 작업, 사업 활동	느린 속도: 서류 작업과 인위적인 시스템 관리 작업에 적정한 시간을 씀.
변호사나 회계사 등의 전문가가 필요함.	단순함: 삶의 모든 면을 잘 알고 있으며 손수 관리함.
단조로움: 삶의 폭이 좁아짐. 다양한 삶의 체험이 줄어듦. 특정한 것에 집중해야 함. 한 가지 일에 불균형하게 많은 시간을 써야 함.	다양한 관심사와 기술을 유지할 수 있음: 계속 성장할 수 있음.

생존의 태도 필요: 개인적 이득을 최대화하기 위해 거래하고 경쟁하고 협상하고 전략을 짜야 함.	이윤이라는 제한 없이 넉넉하게 생활할 수 있음. 사업을 유지하는 쪽이 아니라 삶을 지키는 쪽을 기준으로 결정을 내릴 수 있음. 관계가 자연스럽고 어떻게든 서로 더 얻으려고 애쓰지 않음.
즐겁지 않게 시간을 씀: 불필요한 형식, 법적 책무, 규정들의 관리, 자연에서 보내는 시간이 줄어들고 실내에서 전화 통화하고 컴퓨터 쓰는 시간이 늘어남.	삶을 즐기고 여행 다니고 노는 데 더 많이 씀. 자연과 실외에서 시간을 더 많이 보냄.
지식 축적이 늘어남. 독립적인 생활은 줄어듦.	자연스러운 삶의 지식이 늘어남. 식물과 지구, 사람에 관한 지식, 상식, 독립성 등
다른 이들을 관리하고 고용해야 함. 인위적인 관계 맺기가 늘어남.	경제구조에 기반을 둔 인위적 관계보다는 공동체와 우정에 더 참여하게 됨. 누군가의 고용주나 상사가 될 필요 없음.
사업 위험도가 자신의 통제 밖에 있는 힘에 묶여 있음. 잃어버릴까 걱정하고 위험을 감수해야 함.	걱정과 위험을 감수할 일이 적음. 삶이 시장의 요동에 영향을 받지 않음.

| 미래 사회를 위한 가내수공업자의 분야별 기술 리스트 |

음료	발효 음식	빵류와 면류	간식	천연약	부엌 가전 만들기	전기, 전기, 테크놀로지	자동차와 연료	집	쓰레기 재활용
과일 음료	젓산 발효 김치	곡물 가루	라임치 포틀레 피스타치오 견과류	팅크 (tincture)	발효기	킬어와트 kill a watt	폐식 용유	생각이 비슷한 건축 관계자 찾기	초대형 스케이트 보드
과일 농축액	치즈와 요거트	바닐라 가루	라임치 포틀레 케일 칩	바르는 약	진공 저온 중탕기	컴퓨터 수치 제어 선반 조립 세트	바이오 디젤 연료	종이 콘크리트로 건물 짓기	불꽃 드럼통

차	콤부차		매콤 팝콘	약초 담배	태양열 오븐	전자기기 수리		기존의 건물 리모델링 하기	태양열 온수기 혹은 현관 매트
커피	벌꿀술			로즈마리 헤어 린스	대형 옥외 약초 건조기	건전지		선박용 컨테이너를 건물로 개조하기	전기 분해로 녹 제거하기
우유와 스무디	템페 (tempeh)					태양광 전지판		냉방과 난방	세탁기 통을 이용한 텃밭용 체
와인	와인							창문 커튼으로 열효율 높이기	플라스틱 용접

잠깐상식!

소통으로서의 리빙 스타일

데이비드 키드는 작가이자 교육학자, 동양학 연구자이자 일본 미술 평론가로 일본 교토 히가시야마 남단에 자신의 집인 '도원동'을 건설했다. 《북경 이야기》의 저자인 그는 1976년 교토 가메오카시 오오모토와 손을 잡고 일본 전통예술학원을 설립했으며 그의 예술적인 리빙스타일은 '중국 스타일 차용'의 범위를 뛰어넘는 수준으로 해마다 한 두 차례 열리는 파티에서 세계적인 예술가들의 교류의 장이 되었다.

그의 자택은 데이비드 키드의 놀라운 예술적 감각과 안목을 기반으로 중국의 고예술품과 일본 전통 건축의 아름다움이 기가 막힌 조화를 보여준다. 집이 아니라 중국 고미술품 갤러리 같은 느낌마저 준다. '도원동'은 단순히 개인적인 사교의 장만이 아니라 예술 기반 외교의 장 역할도 함께 해오고 있다(인용 출처: 쉬레이(徐累), 《집, 예술이 머물다》, 정세경 옮김, 시그마북스, 2011).

예술: 라이프스타일을 창조하는 중요한 키워드

미술관 같은 학교

2002년, 일본 이바라기(茨城県)의 미나미(美南) 중학교는 미술작품을 학교 곳곳에 전시해 학교를 매우 특별한 장소로 바꾸는 데 성공했다. 이 학교가 전시한 미술품들은 보는 사람들을 기쁘게 할 뿐만 아니라 학교 공간 전체를 미술관처럼 예술적으로 탈바꿈시켰다. 일본 전통 다도를 배우는 차실은 일본 특유의 전통적인 아름다움으로 꾸몄고 식당의 천장은 높고 벽면이 모두 창문으로 시원한 바다 풍경에서 급식을 즐길 수 있게 만들었다.

이렇듯 학생들이 하루 종일 생활하는 학교 공간 곳곳이 소박하고 담백한 예술적 아름다움으로 빛나고 있으니 이곳을 졸업한 학생들은 아마도 다른 학교 학생들보다는 예술적 취향이 더 많이 가미된 라이프스타일을 만들어나갈 것이 분명하다. 예술교육은 이처럼 단순히 문화적 향유만을 위한 교육이 아니라 보다 가치 있는 라이프스타일을 만들어가는 하나의 교육 코드로도 작동한다.

미나미 중학교 졸업생들은 앞으로 살아갈 자신들의 집에 창을 내어 자연을 불러들이고, 그림을 걸어 예술적 취향을 삶에 더할 것이다. 왜 그럴까? 이미 그것이 주는 기쁨과 즐거움을 느껴봤기 때문이다. 어린 나이에 일찍부터 예술을 접하고 예술적인 분위기 속에서 자란 아이들이 예술 지향적 라이프스타일을 가지게 되는 것은 너무나 자연스러운 일이다.

호랑이 민화를 수집하는 찰스

한국말에 능통하고 한국 보양식을 좋아하는 27세 영국계 뉴질랜드인 찰스도 어려서부터 예술이 직업이고 생활인 외삼촌의 영향을 많이 받고 자랐다. 찰스는 한국의 언어는 물론 예술과 문화에도 능통하다. 요즘은 달 항아리를 그리는 한국 화가의 작품에 매료되어 구입을 모색하고 있다.

그는 어린 시절 엄마의 고향인 스코틀랜드에서 자랐는데, 런던에서 고미술품을 판매하는 외삼촌의 영향으로 아시아 문화에 관심을 가지게 되어 한국어 공부를 시작했다고 한다.

현재 그는 한국인 회사에서 무역 일을 하고 있지만 세계 곳곳을 여행하면서 각 지역 예술가들의 작품을 사기도 하고, 미술 대학생들의 작품과 각 나라 신예 작가의 작품 정보를 삼촌과 실시간 SNS로 주고받으며 의견을 나눈다. 한국 고미술에 대한 그의 지식과 관심도 매우 놀라워서 그는 앞으로 한국 민화 모티브 중 호랑이를 주제로 한 그림들을 컬렉션으로 만들 계획을 세우고 있다고 한다.

찰스의 이러한 행보는 비슷한 또래의 친구들과는 매우 차별적인 모습이다. 아마 어린 시절 가정에서부터 자연스럽게 접해온 예술에 대한 취향 덕분으로 보인다.

찰스네 가족은 예술이 곧 생존 수단이며 취향이며 라이프스타일이다. 찰스에게 예술은 이미 라이프스타일이며 일상이다. 식사를 하면서, 공원을 산책하면서, 스마트폰 채팅방을 통해서도 언제 어디서든 그들 가족의 대화는 예술과 미술품에 초점이 맞춰진다. 심지어 그가 자란 스코틀랜드의 위스키까지도 지역 문화예술 유산으로 재해석하여 수집을 시작했다고 한다. 이처럼 예술은 한 개인이나 가정의 라이프스타일을 창조하는 또 하나의 중요한 키워드가 된다.

예술은 한 사람의 삶의 방향과 목적을 바꿔놓는다

'도이피다'는 캘리그라피 작가이자 등단 시인이다. 자신이 찍은 사진이나 어반 스케치 위에 캘리그라피를 얹는 그녀의 작품은 단순한 캘리그라피뿐만 아니라 직접 그리는 펜화의 따뜻함을 전달한다. 특히 생활 속에서 길어내는 시적 언어는 매우 매력적이다. 그러나 그녀도 평범한 엄마로 사춘기 소녀인 딸아이의 이유 없는 반항엔 속수무책으로 무기력했다. 그러나 몸살은 오래가지 않았다. 그녀에겐 그림이라는 특효약이 있었기 때문이다.

평소 메이크업 아티스트가 되겠다는 꿈을 가졌던 작가의 아이는 미용학과에 입학한 후 '타투' 디자인 수업을 받으며 새로운 전기를 맞았다. 교수님은 아이의 타투 디자인에 매우 창의적이고 따뜻한 '타투'라는 평가를 내렸고, 자신감을 얻은 아이는 올 A 학점의 영광도 안았다. 이 칭찬이 아이를 새로운 사람으로 변형시켰을 뿐만 아니라 작가인 엄마 역시 매우 중요한 조언자이며 동반자로 등극할 수 있었던 것이다.

아이는 사랑 투정을 부리면서도 엄마의 작품 활동을 어깨 너머로 지켜보며 예술을 자신 삶의 한 부분으로 이미 편입시켰던 것이다. 이제 모녀는 엽서 한 장만 한 크기의 그림을 두고 서로의 삶을 이야기하고 격려하고 보듬는 가치 지향적인 동반자가 되었다. 단순히 돈을 많이 벌겠다는 진로 대책을 내놓던 아이가 보다 의미 있고 가치 지향적인 삶을 살겠다는 새로운 인생 설계를 내놓았을 때 엄마가 얼마나 감동했을지는 평범한 대한민국의 엄마들이라면 모두 코끝 찡하게 공감할 수 있을 것이다.

예술은 이처럼 한 사람의 삶의 방향과 목적을 바꿔놓는 강력한 힘을 발휘한다. 그리고 이러한 파워 자체가 바로 예술 스타일 융합 프로젝트 교육의 역할이라고 할 수 있다.

괴테의 이탈리아 기행이 가져온 선물

예술이 한 사람의 삶의 스타일이 될 때 한 개인 삶의 성장을 넘어서 인류의 문화가 진보한다. 그랜드 투어로 이탈리아 기행을 마치고 인류 문화사에 기록될 대문호로 비약 성장하며 사람들의 라이프스타일에 영향을 미친 요한 볼프강 폰 괴테(Johann Wolfgang von Goethe) 역시 그랬다. 앞에서도 나왔듯, 그랜드 투어는 1660년경부터 1840년대까지 유럽 상류층에서 유행한 교육 목적의 유럽 여행을 말한다.

괴테의 그랜드 투어에는 학문 담당과 승마와 춤 등 문화예술을 가르치는 가정교사 두 명이 따라갔는데, 이는 단순히 예술에만 치중한 배움을 위한 것만은 아니었다. 괴테는 당시 산업혁명, 프랑스혁명, 나폴레옹의 대두와 같은 역사적 격동기 속에서 이탈리아의 고대 및 르네상스 미술과 접촉하고 이탈리아 사람들의 일상과 문화를 체험하며 많은 자극을 받았다. 그는 여행지 사람들의 삶 속에 담긴 라이프스타일 전체를 총체적으로 배우고 익혀 더 선진적인 삶의 기술인 라이프스타일을 창조하고 선도하고자 했던 것이다.

괴테에게 이탈리아의 고대 예술과 르네상스 예술이 새로운 사유를 촉발시키는 자극제가 되었던 것처럼 예술은 사람들의 일상과 사유를 자극하고 촉진시키는 촉발제의 역할을 하기도 하고 심미적 안목을 키워주기도 한다. 라이프스타일 교육으로서의 예술이란 바로 이런 예술의 촉진적 동기 유발과 혁신적 성격 및 심미적 기능을 모두 포함한다.

예술은 잘하고 못하고가 없다

가정 내에서의 예술교육도 마찬가지다. 학교에서 성적과 친구 문제로 고민하는 아이를 위해서는 치유적 관점의 문화예술교육을 도모해야 하고, 예술적 향수를 목적으로 할 경우에는 심미안을 키워주는 예술교육으로 방향을 잡아야 한다. 문화예술교육은 학습자의 사유와 인식 패턴의 변화에 더 큰 목적을 두고 있고 예술교육은, 쉽게 말하자면, 예술가와 관객이 되기 위한 교육이라고 할 수 있다.

분노 조절이 되지 않는 아이에게 치유적 관점에서 미술교육을 진행할 경우 푸드테라피도 큰 도움이 된다.

푸드테라피는 음식 재료로 그림을 그리는 것이라고 생각하면 되는데, 김밥을 만드는 경우도 단순히 계란, 단무지, 당근, 시금치를 순서대로 넣는 것이 아니라 자신의 이야기를 재료를 이용하여 그림을 그린 후 김밥을 만드는 식이다. 이때 내용물의 배치에 따라 각각 다른 김밥 모양이 만들어지는데, 이는 서로 다른 생각에 따라 다른 결과가 초래된다는 사실을 아이로 하여금 쉽게 이해할 수 있게 돕는다.

이처럼 예술을 이용한 융합 프로젝트 교육은 그 종류가 많아도 너무 많다. 예술적 취향을 길러주기 위한 예술교육은 악기 레슨이나 공연장을 함께 가는 것으로 쉽게 도달할 수 있으나 아이의 성정을 다스리고 부모와의 소통을 위한 문화예술교육은 인문학부터 전문 치유 프로그램까지 전문적인 교육이 필요하다. 집에서 아이와 함께할 수 있는 예술 융합 라이프스타일 교육은 많다. 단, 엄마도 아이도 전문 예술가가 아님을 명심할 것!

예술은 잘하고 못하고의 척도가 아닌, 그것을 어떻게 생각하고 표현해서 새로운 것이 만들어졌는가 그리고 그것으로부터 어떤 감동과 전율로 소통했는가가 핵심이다. 겨우 연필을 잡은 아이가 벽에 쓱 그은 연필 선 하나도 우리에게 전율을 주지 않았던가?

기대감을 낮추고 바라는 마음 없이 텅 비우고 붓 가는 대로, 목소리 열리는 대로, 손가락 가는 대로 두드려보다 보면 예술교육의 효과는 그대로 나타난다. 몰입하며 존재를 잊기, 다시 생각하기, 이것이야말로 문화예술교육의 핵심이다.

Let's do it

예술 라이프스타일 교육

우리 집 전시회

'우리 집 전시회'는 매우 식상한 프로그램으로 보이겠지만, 예술 라이프스타일 교육을 위해서는 가장 확실하고 간단한 방법이다. 아이들은 자신이 그린 그림이나 글을 부모들이 소중하게 생각하고 그것을 자랑하는지, 작품을 제대로 감상하는지에 따라 자존감의 정도가 많이 달라진다. 그러니 지금 사는 집을 아이 작품 전시회장으로 만들면 된다. 집이 좁고 짐이 많은가? 짐을 줄이거나 걸어놓은 옷을 박스에 넣고 아이의 그림을 액자에 넣어서 걸어두자. 아이의 글을 낭독하자. 아이가 쓴 글이 무엇이든 하나 정도는 외워서 가끔 아이와 밥을 먹거나 산책을 하거나 이야기를 나눌 때 말해주자.

"엄마는 우리 사랑이가 쓴 일기 〈날마다 날마다 밥을 먹어요〉 부분이 너무 아름답더라. 엄마는 그런 아름다운 글을 쓴 우리 사랑이가 자랑스러워!"

아이의 얼굴에 함박 웃음이 피어나는 모습을 보게 될 것이다. 그때 이미 아이는 엄마의 존재 자체로 감동한 것이다. 엄마도 예술 그 자체다.

찍은 사진 보고 이야기하기

핸드폰 사진을 보거나 아이의 인스타그램 사진을 보면서 그것을 왜 찍었는지, 왜 그렇게 생각했는지 등에 대해 물어보고 이야기를 나눈다. 사진 아래 캡션 달기도 일상 속 리터러시와 안목, 관찰력을 키워준다. 가족들의 사진을 찍고 아래 캡션이나 간단한 문장을 써서 사진 에세이를 써나가고 나중에 가족 에세이집 앨범이나 책을 만들어도 좋다. 아니면, 폴라로이드 사진을 찍고 바로 캡션을 다는 방법도 좋다. 아이들은 가정에 깊은 소속감을 느끼고 만족스러운 성취감을 느낄 것이다.

작은 악기 연주회

간단하게 소지할 수 있는 악기들을 함께 배우는 것도 큰 효과가 있다. 피리, 하모니카, 아프리칸 하프, 우쿨렐레, 탬버린, 캐스터네츠 어느 것도 좋다. 아이가 선생님이 되어 부모에게 악기를 가르치게 하면 더욱 효과적이다. 젓가락 장단 노래 부르기도 재미있지만 소음이 문제가 될 수 있다. 이럴 때는 폐품을 이용해 악기를 만들어보자. 창의성을 키워주는 것은 물론 부모님과의 협업을 통해 성취감과 소속감도 줄 수 있다.

| 예술 치유적 관점의 문화예술교육 프로그램 |

	프로그램명	수업 맥락
1	쿠키 향기 내 향기	오감 중 후각에서 오는 만족감이 사람들을 가장 많이 행복감에 젖게 한다는 연구 보고를 기반으로 노작 활동과 가정 일상에서의 행복을 코드로 교육한다.
2	힐링 캘리그라피	점과 선을 심혈을 다해 그리는 행위 자체가 하나의 명상 기법이며 수련 기법이 될 수 있고, 좋은 글귀를 심혈을 기울여 써보며 마음과 몸에 되새겨 사고와 태도의 변화를 유도할 수 있다. 여기에 묵향이 더해지면서 치유와 힐링 효과까지 더할 수 있다.

3	스톤 스크래치	돌의 물성 자체가 변함없음이며 묵직함이다. 이에 여러 가지 명문을 섬세하게 새기는 전각 활동은 학생들에게 몰입의 경험으로 자제력과 인내력을 키워준다.
4	달콤 귀욤 컵케이크	컵케이크의 달콤한 향기와 맛에서부터 행복감을 느끼고, 자신들만의 창의적인 컵케이크를 만드는 과정에서 자신감과 성취감을 맛본다. 그와 더불어 테이블 예절을 교육하여 마시멜로의 법칙, 습관과 품격의 맛을 만끽한다.
5	리들펠트 애완동물 만들기	펠트는 학생들의 심성을 어루만져주는 따뜻한 양모다. 특히 리들팰트는 단순한 양모 털 가닥에 시간과 노력을 들이면 귀여운 동물 인형이 되는 등 자신이 생각하는 대로 사물을 만들어낼 수 있다. 이는 성실하게 지속적으로 노력하면 자기 뜻대로 될 수 있다는 성취감과 자신감을 전달해준다.
6	사랑의 모자 만들기	털실 뜨개질로 아프리카 신생아를 돕는 국제 프로그램에 참가하여 봉사활동을 한다.
7	우드버닝	나무에 버닝 펜으로 인두처럼 지져서 그림이나 글을 남기는데, 특히 재료가 되는 편백나무의 힐링 효과가 좋고 몰입과 집중도를 높여준다.
8	사랑을 전하는 쿠미키	쿠미키는 편백나무로 학생들의 창의성과 집중력을 키워주는 프로그램이다.
9	차와 함께하는 명상	아침에 시작하는 차와 명상은 하루를 좀 더 알차게 보낼 수 있는 플랜의 시간이며 자기최면과 자기암시를 통해 평화와 행복의 하루를 시작하는 계기가 된다.

잠깐 상식!

예술로서의 리빙 스타일

미국의 에너지 재벌 재임스 듀크(James Duke)의 외동딸인 도리스 듀크는 전 세계를 돌아다니며 친구를 사귀고 '샹그릴라'를 만드는 데 노력을 기울였다. 도리스 듀크는 특히 이슬람의 전통문화에 매료되었다. 그녀는 하와이에 이슬람풍 집을 짓고 자신이 소장한 이슬람 예술품들로 장식하여 샹그릴라를 현실화했다.

쉬레이(徐累)는 '샹그릴라의 건축 특색은 이슬람의 코란과 고대 페르시아 노래에서 묘사한 천국의 아름다운 풍경을 떠올리게 하기에 충분했다"고 썼다 (《집, 예술이 머물다》, 정세경 옮김, 시그마북스, 2011, 107쪽).

듀크 도리스가 샹그릴라에 소장한 이슬람 문화 예술품들은 3,500여 점으로 미국 대형 박물관들이 소장하고 있는 이슬람 예술품의 수를 뛰어넘는 것이었고 모로코, 이집트, 이란, 파키스탄, 시리아 등지에서 수집한 예술품들이었다. 그녀는 수십 년 동안 세계 곳곳을 돌아다니며 이슬람 예술품을 수집하거나 장인들을 고용해 이슬람 스타일의 물건을 만들게 했다. 도리스는 1991년 세상을 떠나면서 샹그릴라를 중동 문화와 예술을 연구하는 이슬람 문화 센터로 지정했다.

미디어: 4차 산업혁명 시대의 교육자

나를 키운 것은 잡지였다

미디어(Media)는 라이프스타일이다. 나는 어린 시절 토요일 밤마다 텔레비전에서 방영하던 〈명화극장〉을 통해 사랑과 이별, 전쟁과 죽음, 춤과 음악의 감각을 익혔고, 〈동물의 왕국〉을 통해 사자가 아프리카 대초원에서 먹이를 사냥하며 사는 것을 알았다.

수업시간에 선생님 눈을 피해서 몰래 훔쳐보던 소년 잡지와 청소년 잡지들은 또 얼마나 그리운 추억인가? 네스호 괴물 이야기와 이집트 피라미드의 미라와 잉카의 얼음소녀를 읽으며 세계 지리에 눈을 뜨고, 〈마루치 아라치〉 만화의 영사기 부록을 조립하며 동영상 1초를 위해서는 그림 24컷이 필요하다는 영화의 원리를 알아챈 기억이 지금도 생생하다.

중학교부터 읽었던《여학생》같은 청소년 잡지는 미래의 남자친구 유형을 성격별, 혈액형별로 친절하게 알려주었고,《사이언스》,《내셔널 지오그래픽》등의 과학 잡지들은 놀라운 유전공학의 신비로운 세계와 자연의 피사체들이 낼 수 있는 극한의 아름다움을 보여주었다. 이 잡지들은 모두 내게 디자인 감각을 키워준 중요한 미술 교과서였다.

그런가 하면 다른 면모를 과시한(?) 잡지도 있었다. 공중 화장실에 몇 권씩 반드시 상비되어 있던《선데이 서울》이 그랬다. 그 야릇한 잡지는 십대의 내게 상상 이상의 현실 세계를 열어주는 중요한 미디어였다. 어쩌면《선데이 서울》이야말로 그 시대의 가상현실이었는지도 모른다. 허구와 진실을 구분할 수 없는 엄연한 간극이 투명하게 비쳐 보임에도 십대인 우리는 모두 그 가상의 현실을 믿고 싶어 했으니 말이다.

잔혹한 기사는 성적이 나쁜 내 불행한 현실을 감추고 위안받기 위한 이야기로 받아들여졌고, 아름다운 여성이나 기분 좋은 별자리 점은 그냥 나의 즐거움을 배가시켜주는 소박한 위로였다. 물론《선데이 서울》로 자기 주도적인 성교육을 마치는 남학생들에겐 용기와 자발적 행동을 촉진한다는 점에서도 표창감이었다.

잡지는 그 시절, 많은 아이들을 키운 일등공신이었다. 그러나 컴퓨터와 PMP, MP3, DMB, 스마트폰이 등장하면서부터 세상은 완전히 달라지기 시작했다.

반인반폰 시대, 아이들은 스스로 배운다

2007년 6월 29일 아이폰이 출현하면서 전 세계 인류는 초(超)연결 사회로 진입했다. 초등학생들까지도 유튜브와 블로그를 통해 세계인으로서 자신이 목소리를 낼 수 있는, 이른바 글로벌 공동체 세상으로 인류는 통합되었다. 디자인 철학자 빌렘 플루세르(Vilem Flusse)의 예언대로, 이제 기계는 인간의 외부 기관이 되었다. 그것도 지식과 생각과 행동 전체를 관장하는 '뇌'를 대신하고 있다.

21세기 반인반폰 시대의 인류는 포노 사피엔스다. 인류 역사상 이토록 강력한 미디어 매체는 없었다. 고대에 인간과 신의 매개 역할을 하던 샤먼(Shaman)들도 스마트폰만큼 강력하지 못했다. 스마트폰은 전 세계, 나아가 우주와 지구에 대한 통찰까지도 가능한 엄청난 지적 베이스와 데이터를 장착한 우주 최강의 매개자다. 작은 고추는 맵다. 스마트폰도 작고 독하게 스마트하다는 점이 두렵다. 현대 인류의 일상에 혁신을 도모하고 있는 드론도 작아져서 더 무섭다. 그들은 킬러다.

스마트폰이 두려운 이유는 무엇인가? 그 매체가 이미 인류의 생사에 너무 깊이 관계하기 시작했기 때문이다. 스마트폰의 일반적인 보급과 함께 TGIF(트위터, 구글, 아이폰, 페이스북)로 대변되는 스마트 미디어 환경은 사회구성원들이 접촉하고 상호작용하며 정보를 획득하는 방식에 혁신을 가져왔다. 사실, 혁신이라는 말보다는 혁명이라는 말에 더 가까운 변화다.

교육 매체 자체가 기존의 '미디어'라고 규정 짓던 매체인 디지털 기기 기반으로 변환되었을 뿐만 아니라 IOT(Internet of Things) 세계의 초연결성은 《선데이 서울》을 통해 자기 주도적 성교육을 받았던 남학생들의 스마트함을 완전히 뛰어넘는 자기 주도적 학습 시대를 열었다.

인도의 '벽에 난 구멍' 프로젝트

인도 델리공과대학교 박사를 마친 수가타 미트라(Sugata Mitra)는 '벽에 난 구멍' 프로젝트를 진행하여 인터넷을 통한 '최소간섭교육'을 주창했다. 그는 인도 뉴델리의 한 빈민가에서 실험을 시작했다. '벽 안의 구멍' 프로젝트로 불린 이 실험은 빈민가의 벽에 구멍을 뚫어 그 안에 고속인터넷 컴퓨터와 터치스크린을 설치하고 아이들의 반응을 살피는 일이었다. 아이들은 한 번도 컴퓨터를 교육받거나 만져본 적이 없었지만, 아주 자연스럽게 사용법을 익혀갔다. 이 실험으로 미트라 박사는 '누구나 사용법을 스스로 배울 수 있음'을 증명했다.

두 번째로 박사는 아이들이 컴퓨터 사용법을 혼자 익힌다면, 그 외에 다른 것도 스스로 학습할 수 있지 않을까에 대한 실험을 진행했다. 이번에는 아이들에게 목표를 주었다. 웹을 사용하는 아이들에게 '피타고라스의 업적'에 대해 묻고 기다렸다. 그러자 아이들은 구글이나 위키피디아 등을 이용해 친구들과 함께 정답을 알아냈다. 미트라 박사는 아이들이 최소간섭 아래 '스스로' 빠른 학습 효과를 보인다는 사실을 알아내고는 이 실험을 인도뿐 아니라 다른 나라로도 확대해 진행했다.

이후 미트라 박사는 TED(Technology, Entertainment, Design)상을 수상하고 아이들이 독립적으로 스스로 가르치고 배우도록 설계한 '구름 속의 학교(School in the Cloud)' 프로젝트를 진행하고 있다. 이 프로젝트는 뉴욕테크센터의 컴퓨터 교육 프로그램 슬로건 "가르치기 위해 배우고 배우기 위해 가르친다"와 같은 맥락이라고 할 수 있다. 청소년들이 동생들을 가르치기 위해 먼저 배우고, 동생들을 가르치는 과정에서 더 깊이 배운다는 개념으로 교육성과가 매우 뛰어난 데 착안한 것이다.

이처럼 미디어는 인류의 역사 과정에서 다양한 도구적 변화를 거치면서 인류의 일상에 변화를 이끌었다. 30년 전에 핸드폰은 꿈같은 이야기에 불과했다. 그러나 이제 스마트폰이라는 미디어 매체는 강력한 호흡으로 인류의 일상을 지배하고 있으며 그를 기반으로 한 지식과 경제와 정치적 담론들은 현대인들의 새로운 라이프스타일을 만들고 있다.

칸 아카데미, 코세라, 에덱스, 이코노미스트 1843, 유다시티 등이 보여주듯 미디어 스타일 융합 프로젝트 교육은 이미 우리를 미래 시대로 이동시키고 있다. 이들 매체는 이미 세계적인 교육 수준을 인정받은 온라인 교육기관이다.

유튜브가 학교인 시대

이제 유튜브도 학교다. 유튜브가 학교가 되는 날을 꿈꾸는 '책추남'이나 유명 학원의 인터넷 '스타강사'의 수업뿐만이 아니라 아이들은 스스로 유튜브 수업을 생산하며 학습을 진행한다. 이제 교육 정책가들은 아이들이 스스로 찾아 하는 자발적 학습 행태를 면밀히 관찰해야 한다. 그리고 완전히 판을 다시 짜야 한다.

학교는 청소년 수련 시설처럼 다양한 삶의 기술과 공동체 생활과 협력을 배우는 놀이와 공동체 생활을 위한 공간으로, 기존의 대안학교와 같은 커리큘럼과 정체성을 지닌 기관으로 전환되어야 한다. 부모는 더 많은 시간을 자녀와 함께 보내며 세상을 돌아보고 체험활동에서 배움을 얻을 수 있도록 시간을 할애하고 이를 위해 각 직장은 유동적이고 융통성 있는 연가 시스템을 갖출 필요가 있다. 학령기 부모의 경우 교육을 위한 특별 휴가 의무화 등의 정책이 새롭게 입안되어야 한다.

3년 전 내가 근무하던 인문계 고등학교에서 흡연 예방 교육차 1박 2일 문화체험을 진행했을 때의 일이다. 고1 학생들을 대상으로 부모님과 여행을 다녀본 경험을 물었더니, 불과 30퍼센트 정도의 학생만이 경험이 있다고 응답했다. 정말 놀라운 일이었다. 대다수의 부모님이 자녀가 17세가 되도록 1박 2일의 소박한 가족여행도 가보지 못했다니……. 아이들을 먹이고 키우기 위해 너무 바쁜 탓에 그 작은 소확행조차 가질 수 없었던 것일까? 안타까운 마음에 마음이 무거웠던 기억이 난다.

1년에 한번이라도 반드시 아이를 데리고 여행을 해야 된다는 법조항을 의무화하고 여행비를 지원해야 한다고 생각한다. 만약 그것이 어렵다면, 교사들이 학생들을 데리고 마음껏 체험활동을 나갈 수 있는 교육 환경을 만들어줘야 한다. 이것이 바로 국가 단위 의무교육이라고 생각한다. 의무교육이 중요한 것이 아니라 부모의 의무와 교사의 의무를 다하는 교육이 중요한 것이다. 그 의무가 무엇인가? 첫째도 사랑, 둘째도 사랑, 셋째도 사랑이다. 그리고 그 사랑을 여행을 하며, 놀이를 하며, 일상의 대화와 여가 시간을 통해 표현해주고 말해주고 확인시켜주는 것이다. 이것이 바로 국가 단위 의무교육이다.

목숨 걸고 반드시 해야 할 사랑의 의무교육! 이제 미디어 매체의 발달에 따른 교육의 수월성(공간,시간 제한을 덜 받는)과 4차 산업혁명 이후 감소될 노동시간은 사랑 넘치는 라이프스타일을 가진 가정과 아닌 가정의 차이에서 아이들 학습 능력의 차이가 벌어지기 시작할 것이다.

내 아이가 뛰어난 학습 능력으로 멋진 대학에 입학하고 부자가 되기를 원한다면, 이제 아이 학원에서 자리 잡기 위해 줄서지 말고 집으로 돌아가야 한다. 그리고 아이의 등을 두드리며 더 많이 사랑을 표현하고, 더 따뜻한 밥 한 그릇, 더 감미로운 음악과 밝은 벽지의 색감으로 안정감을 주는 라이프스타일을 만들어야 한다. 그렇게 해서 아이 스스로 안정된 심성으로 자발적으로 학습한다면, 우리는 최고의 부모요 최고의 라이프스타일 교육자가 되었다고 할 수 있다.

휴일에는 아이 손을 잡고 들로 산으로 강으로 바다로 뛰어 나가자. 길 위에서 아이 스스로 새로운 지식의 생산자가 될 수 있는 기회를 만들어주자. 이제 지식 교육은 디지털 미디어가 맡는다. 그러니 부모인 우리들은 스마트폰을 들고 도서관으로, 자연으로, 삶의 체험 현장으로, 미술관으로 동행하며 아이와 함께 삶을 경험하면 된다. 이것이 바로 21세기 교육의 바른 미래이고, 현명한 부모의 자녀 교육법이다.

미디어 리터러시 교육이 필수다

미디어가 라이프스타일 교육이 될 때 반드시 동반되어야 할 것이 미디어 리터러시다. 성찰적이며 비평적인 관점의 디지털 미디어 리터러시는 현재 공교육기관에서도 반드시 필수로 다루어야 할 교육과정이다. 미디어가 생산하는 지식과 사회적 담론과 상품들로 넘쳐나는 자본주의적 연결망들이 과연 우리 삶에 배움으로 작동할 수 있는지, 교육적인 것과 비교육적인 것은 무엇인지, 인류에게 해가 되고 이익이 되는 것은 무엇인지, 무엇이 진실이고 거짓인지 등에 대해 비평적으로 이야기할 수 있는 리터러시 교육의 정교화는 라이프스타일을 정교화하는 부모의 역할과 함께 매우 중요한 미래 교육의 화두다.

나는 2005년부터 2011년까지 대전문화예술교육연구회를 이끌면서 사진의 인문학을 중심으로 '카메라로 읽고 생각하기'라는 미디어 교육을 진행했다. 중심 주제는 '현대사회의 시각 문화를 비평적으로 사고하는 능력을 기르고 균형 잡힌 시각을 가진 매개자를 육성하며, 사진과 카메라를 이용해 생활공간을 관찰하고 생각하는 훈련을 병행하고, 우리 사회와 문화에 대해 능동적으로 관찰하고 비평할 수 있는 힘을 가진 문화 생산자 육성'이라는 맥락이었다. 특히 〈우리 동네 카메라로 읽고 생각하기〉는 아이들과 평일에도 슈퍼마켓에 장을 보러 가면서 할 수 있는 수준 높은 미디어 교육이라고 지금도 자부한다. 퇴근 후 자녀와 함께 동네 슈퍼마켓에 아이스크림을 사러 가면서 함께 해보자.

| 〈우리 동네 카메라로 읽고 생각하기〉 프로그램 따라 하기 |

1. 사진 찍기	우리 동네, 우리 동네 사람들을 정해진 시간에 따라 각각 사진 찍는다. '사진 찍기'의 과정은 좋은 사진을 얻기 위해 진행하는 시간이 아니다. 평소에 관심을 기울이지 않았던 삶의 공간을 자세히 관찰하고 그것을 통해 우리 동네에 관한 새로운 생각을 전개할 수 있는 기회를 학생들에게 부여하는 시간이다. 사진을 찍는 과정은 크게 '걷고→찍을 것을 발견하고→카메라의 액정화면을 통해 프레임을 구성'하는 과정으로 전개된다.
2. 찍은 사진 보고 이야기하기	아이들이 찍은 사진을 컴퓨터에 옮기고, 빔 프로젝터를 이용해 스크린에 사진을 비춘다. 참가자들이 모두 모인 자리에서 한 사람씩 앞으로 나와 각자 찍은 사진을 발표한다. 사진을 한 장 한 장 넘기면서 무엇을 보았는지, 그것을 어떻게 보았는지 말한다. 이때 청중은 다른 사람들의 발표 내용을 잘 듣고, 어떻게 서로 다르게 보고 느끼고 사진을 찍었는지를 살핀다. 이 시간은 사진을 찍을 때 막연히 느꼈던 감각적인 차원의 느낌을 말로 표현하는 과정이다. 따라서 학생들이 자신의 느낌을 말로 표현하고 다른 사람들에게 전달하는 방법을 훈련할 수 있는 좋은 기회가 되며, 또 자신들이 찍은 사진을 바탕으로 '우리 동네'의 문화를 나름의 시선으로 비평하는 의미 있는 시간이 된다.
3. 찍은 사진 붙이고 느낀 점 쓰기	학생들이 찍은 사진 중 각 구역의 모습을 잘 드러낸 사진을 골라 출력한다. 출력한 사진을 기록 사진집에 붙이고 여백에는 해당 공간에 그 사진을 찍은 이유와 출력한 사진을 보고 느낀 점, 사진을 통해 드러난 '우리 동네'의 모습 등을 글로 적게 한다. 출력한 사진을 통해 동네의 모습을 다시 한 번 바라보고, 대상을 보는 자신의 방식도 정리해볼 수 있는 시간이다. 찍은 사진을 매개로 생각하고 비평하는 힘을 기르는 시간으로 활용하려면 좀 더 긴 문장으로 적도록 유도한다.

4. 새로 꿈꿔 보는 우리 동네 이야기	참가 학생들이 모두 모여 학교와 학교 주변, 동네를 찍는 과정에서 보고 느낀 점에 대해 토론한다. 동네가 어떻게 변화되었으면 좋겠는지, 어떻게 하면 살기 좋은 동네로 만들 수 있는지를 함께 이야기하고 그 내용을 글로 적는다. 이러한 토론 시간은 학생들이 수동적으로 공간을 이용하는 데 그치는 것이 아니라, 삶의 공간을 능동적으로 설계하고 만드는 입장에 서게 한다.
5. 함께 그려 보는 우리 동네	사진 지도를 만들 커다란 종이를 교실 바닥에 펼쳐놓고, 그 위에 동네의 현재 모습과 앞으로 새롭게 만들고 싶은 미래의 모습을 상상하며 밑그림을 그린다. 각 구역을 사진 찍으러 나가기 전에, 학생들이 그동안 생각해왔던 '우리 동네'의 모습에 대해 그리도록 한다. 그러면 학생들은 이후 사진을 찍으면서 그동안 상상해온 동네의 모습과 직접 확인한 동네의 모습이 많은 차이가 있음을 깨닫게 된다.
6. 사진 지도 만들기	'함께 그려보는 우리 동네' 시간에 그린 밑그림 위에 학교와 집, 건물, 자동차 등을 만들어 붙인다. 동네의 윤곽이 뚜렷해질 무렵, 동네의 특징이 잘 드러난 사진들을 출력해서 사진 찍은 위치를 확인해가며 지도 위에 붙인다. 사진을 다 붙인 후에는 크레파스나 색연필을 이용해 지도를 예쁘게 꾸민다. 학생들이 꿈꾸는 '우리 동네'의 모습을 가상적으로 실현할 수 있다.
7. 완성된 지도 사진 찍기	완성된 사진 지도 중 관심이 가는 '우리 동네'의 모습을 사진 찍는다. 이 과정은 '우리 동네'를 좀 더 객관적으로 조망할 수 있을 뿐 아니라, 힘들게 완성한 사진 지도를 찍으며 성취감을 극대화할 수 있다.
8. 전체 소감문 쓰기	그동안 〈우리 동네 카메라로 읽고 생각하기〉 프로그램을 진행하며 느낀 소감을 글로 적는다. 학생들은 무엇을 배우고, 무엇을 느꼈으며, 무엇을 훈련했는지에 대해 되돌아보는 기회를 갖는다. 자신의 삶의 공간과 문화를 비평적으로 바라보고자 기획된 본 프로그램의 목표를 극대화시키기 위해서는 학생들 자신의 생각과 느낌을 글로 쓰는 시간을 여러 차례 지속하는 것이 중요하다. 문자 텍스트를 대상으로 하는 논술 교육과 달리 시각적인 것을 대상으로 하여 진행하는 글쓰기 연습은 시각 이미지를 의사소통의 주요 재료로 사용하는 현대의 매체 환경을 이해하는 능력도 더불어 향상시킨다.
9. 아이들이 스스로 답하도록 돕기	① 우리가 사는 공간은 어떻게 만들어졌나? ② 우리는 어떻게 바라보는 사람들인가? ③ 한 장의 사진은 어떻게 만들어지나? ④ 우리 동네를 새롭게 바라보기 위해서 카메라를 어떻게 사용해야 하나?

Let's do it

미디어 라이프스타일 교육

간단한 가족 뮤직비디오 만들기

음악을 이용한 가족 활동으로 재미있는 아이템이며 미디어를 읽고 쓰는 디지털 리터러시 능력을 키워준다. 다음팟이나 핸드폰 기능으로도 충분하다.

잡지책 보기

잡지에 나와 있는 유명 브랜드 상품 광고를 같이 보며 이야기를 나누고 공부한다. 무엇보다 시각 이미지 교육이 확실히 되고, 브랜드 가치와 특성에 맞는 시각 전략을 어떤 식으로 전개하는지 교과서처럼 학습할 수 있다. 잡지책의 브랜드 광고 사진처럼 프레임을 따라 해보는 것도 시각 교육에 도움이 된다.

드라마를 보면서 이야기하기

드라마에 나오는 다양한 설정들을 비평적으로 읽어내는 법과 드라마 스토리 구조의 패턴 읽는 법을 함께 교육할 수 있어 미디어 리터러시 교육의 근간이 된다. 더불어, 현실과 허구의 간극을 구분하는 지혜도 얻을 수 있다.

사진 찍기(사진 명상)

'우리 동네'의 모습을 잘 관찰하기 위해서는 어떠한 태도로 걸어야 하며, 어떠한 대상들이 '우리 동네'의 모습을 특징적으로 잘 보여주고 있는지에 대해서도 구체적인 예를 통해 아이들에게 이해시켜야 한다. 비슷한 장소를 찍은 서로 다른 사진들을 비교하는 것도 좋은 방법이다. 다른 사람들이 어떤 대상에 주목하고 어떤 관점으로 찍었는지를 확인함으로써, 아이들은 자신이 세상을 바라보는 방식과 사진 찍는 방식을 확인할 기회를 얻을 수 있다.

- 걷는다: 평소에 걸었던 것과는 전혀 다른 태도로 걷는다. 목적지도 동선도 정해놓지 않는다. 할 일 없는 산책자가 되어 천천히, 마치 그곳을 처음 발견한 것처럼 걷는다. 특정한 목적을 두면 그 목적에 맞는 사물과 공간만이 시야에 들어오기 때문에, 목적지를 설정하지 않고 걷는 것이 중요하다. 또 느릿느릿 천천히 걷는 것이 중요한데, 천천히 걸을 때 쉽사리 발걸음을 멈추고 대상을 자세히 살필 수 있기 때문이다.
- 발견한다: 무방비 상태로 천천히 걷다가 흥미로운 사물이나 장소를 만나면 걸음을 멈춘다. 관심을 끈 사물(장소)과 그것의 주위를 잘 살피며, 왜 자신이 마음을 빼앗겼는가를 생각해본다. 이 방법은 새로운 생각을 전개하지 않을 수 없도록 자신을 이끄는 생각의 재료를 만나는 과정이다.
- 화면을 구성한다: 발걸음을 멈추게 한 사물(장소)을 카메라로 담아본다. 어떤 사물들이 어떻게 모여 있는지 자세히 살핀 후, 카메라의 액정화면을 들여다보며 어떤 사물을 넣고 뺄 것인지, 선택된 사물들을 어떻게 배열할 것인지를 신중히 결정한다. 사진의 화면을 어떻게 구성할 것인지에 관한 판단 기준은 촬영자가 그 장소의 의미를 어떻게 파악했는가에 달려 있다. 사진에 담아내야 할 것은 그 장소와 사물들에 대한 촬영자의 생각이다.

파티: 생산적 중독을 이끌어내는 교육의 장

축제와 같은 핫한 프로젝트 교육

동서양을 막론하고 사람들은 생애 주기에 맞춰 다양한 축하와 의례를 파티와 잔치 형식으로 기념해왔다. 백일잔치, 돌잔치, 성인식, 결혼, 출산, 제사, 장례에 이르기까지 축하 파티는 삶의 즐거움을 증폭시키는 중요한 총체적 예술이며 일상이다. 파티와 축제의 이런 총체성은 그 자체로 교육적이다.

재미 추구는 인간의 본성이다. 특히 청소년들은 재미있는 일들에 단번에 미친다. 게임 중독에 빠진 청소년의 뇌가 마약 중독자처럼 바뀌었다는 연구 결과도 있다. 실제로 국민건강보험공단에 따르면, 최근 5년간 주의력결핍과잉행동장애(ADHD) 환자가 두 배가량 늘었다고 한다. 그러나 이런 부정적인 도파민 부작용을 파티나 축제와 같은 핫한 프로젝트 교육 프로그램으로 만들어 삶을 즐겁게 만들면 생산적인 중독으로 전환된다. 요리가 즐겁고, 집안 청소가 즐겁고, 손님 초대가 즐겁고, 집안 꾸미기가 즐거워지면 중독물질이 자극하는 도파민 양을 훨씬 능가하는 긍정적 중독을 만들어낼 수 있다. 바로 그 대표적인 중독이 독서광, 음악광, 여행광 등으로 표현된다.

나 또한 여행광에 독서광이며 예술광이다. 이러한 취향은 모두 어린 시절에 부모님의 영향으로 길러진 것들이다. 교육과정에서 꾸준히 강화해주거나 동기를 부여해주면 긍정적인 중독은 일상의 습관이 되고 삶의 스타일이 된다. 나쁜 중독은 치명적이지만 좋은 중독은 삶을 더욱 윤택하고 품격 있는 멋진 것으로 발전시킨다. 사랑과 관용을 기반으로 일상생활의 모든 것을 라이프스타일 교육으로 전환하여 실행한다면, 우리 아이들은 삶을 통찰하며 더불어 살아가는 사람으로 어떤 상황 속에서도 성숙한 삶을 살아가게 될 것이다.

친구 엄마를 위한 Let's party

2013년 ○○전자기계고등학교에서 보낸 어버이날은 참 특별했다. 1학년 때 말썽꾸러기였던 녀석들이 어엿한 2학년이 되었고 대안교실인 행복 교실은 이미 그들의 집이었다. 그곳에서 아이들은 쿠키와 제빵은 물론 케이크와 떡을 만드는 삶의 기술을 익혔을 뿐만 아니라 '파티'를 주제로 한 프로젝트 수업에서 출장 파티 요리도 배워나갔다.

그러던 중 5월이 왔고, 어버이날에 맞춰 학부모 회의를 소집하고 깜짝 어버이날 기념 파티를 준비했다. 그 당시 ○○전자기계고등학교 학생들은 조손가정, 또는 아이 홀로 1인 가정인 학생들이 많았다. 그런데 놀라운 것은 부모님이 오시지도 않는 아이들이 다른 친구 부모님들을 위한 어버이날 파티를 준비하겠다고 나선 것이었다. 파티를 위한 기획 과정 학습과 재료 준비, 장보기, 테이블 데코레이션, 디자인, 푸드테라피, 파티 요리, 파티장 구성 등 아이들은 행복 교실에서 배운 모든 능력을 다 발휘하여 근사하고 훌륭한 파티장을 만들었다.

자신에게 이익이 되는 일이 아니면 꿈쩍도 하지 않던 고집불통의 개구쟁이들이 스스로 마음을 열어 친구 엄마들을 위한 파티를 준비했다는 것은, 다양한 융합 교육 효과는 물론이고 상상도 못한, 감동적이고도 눈물 겨운 교육성과였다. '파티'라는 일탈적 성격의 라이프스타일 교육이 아이들의 마음을 완전히 무장해제시켜 열어놓았던 것이다. 척박한 교육현장에서 단 한 번이라도 마음이 닫힌 아이들 때문에 눈물을 흘려본 경험이 있는 교사나 부모라면 모두 알리라. 내가 지금 울컥해지는 이유를……. 그냥 그 자체로 감동이고 축복이었다.

당시 아이들 얼굴에 가득했던 팽팽한 성취감이 마치 어제 일같이 다가온다. 파티 요리의 스피디한 완성도와 테이블 데코레이션이 주는 성취감이 아마도 아이들에게 큰 자부심과 기쁨을 주었던 것 같다. 사람의 삶을 변화시키는 교육이란 어쩌면 이렇듯 위대한 것이다. 그날 파티를 준비했던 아이들 중 둘은 아직도 여전히 어두운 뒷골목을 헤

매고 있지만, 언젠가는 또 그날의 투명하고 아름답게 빛나던 행복한 웃음을 되찾게 되리라 믿어 의심치 않는다.

만약 그 아이들이 가정에서 조금 더 가치 지향적인 라이프스타일 교육을 부모로부터 받았다면 상황은 달랐을 것이다. 그중 한 아이는 이혼 후 양부모가 다 연락을 끊어 교통비가 없어 등교도 못 하던 학생이었다. 교통비를 지원한다고 해도 상처와 자존심 때문에 받지 않았다. 그러곤 결국 조직 생활을 선택했다. 학교에서만의 교육은 역부족이다. 가정에서 부모들이 일상생활 속에서 아이들과 협력하고 소통할 때 비로소 학교교육도 제 기능을 하기 시작한다. 슬프지만 아무리 노력해도 되지 않는 일들도 있다. 하지만 세상 모든 것은 또다시 변한다는 것을 나는 믿어 의심치 않는다. 그날의 아이들이 그립다.

학교에서 엄마와 함께 즐기는 Let's party

○○고에서 진행했던 어버이날 파티는 아이와 엄마가 함께 '카네이션 떡 케이크' 만들기가 중심 프로그램이었다. 엄마는 할머니와 할아버지를 위해 떡 케이크를 만들고, 자녀는 엄마와 아빠를 위해 떡 케이크를 만드는 과정에서 도란도란 이야기도 나누고 사랑도 전한다는 콘셉트였다. 학생과 부모는 단순히 참가만 했음에도 서로의 존재에 힘을 신는 진한 감동이 있는 파티였고, 미술, 기술, 디자인, 화학, 윤리, 뇌과학 등의 지식을 융합한 인성 교육을 티파티를 통해 실행할 수 있었다.

융합 과목이 거창해 보이지만, 사실 우리 삶은 더 거창하고 복잡한 콘텐츠가 거미줄처럼 연결되어 있다. 우리 삶 자체가 융합 교육인 것이다. 미래 사회를 초연결 사회라고 말하지만 이미 우리는 연결된 존재들이고 그렇기에 나 자신 하나를 이해하기 위해서도 세상 모든 것에 귀를 기울이고 배움을 얻는 자세는 그대로 교육의 클래식이다. 라이프스타일 교육의 근원도 바로 변하지 않는 가치! 클래식이다.

1,000원어치 존경을 담은 스승의 날 Let's party

개구쟁이 학생들이 많은 학교의 교사들은 스승의 날 카네이션 한 송이 선물받기도 힘들다. 김영란법 때문이 아니다. 아이들이 성장 과정에서 사랑을 주고받는 교육을 받지 못했기 때문이기도 하고 경제적 여력도 없고 마음의 여유도 없는 탓이다. '선물 많이 주는 남자를 고르라'는 세계 언니들의 신랑 간택 지혜는, 사랑 감정 표현 학습의 중요성을 지적하는 말이기도 하다.

더군다나 김영란법이 실행되면서 교사에게 카네이션 한 송이도 허락할 수 없다는 법 앞에서 교사들은 더욱 초라해질 뿐이다. 왜 교사들은 1,000원어치의 존경도 받을 수 없는 것인가? 부조리와 부정을 막기 위해서 1,000원어치 과자 한 봉지만큼의 감사 인사도 교사에게는 허락할 수 없다는 말인가? 오히려 스승의 날 꽃 한 송이쯤은 아이 손에 들려주며 선생님께 감사의 인사를 전하라고 하는 것이 훨씬 교육적이지 않을까? 교사에게 1,000원짜리 카네이션을 허하라!

가여운 교사들을 위해 아이들과 당당하게 스승의 날 깜짝 파티를 준비했다. 수업시간에 "스승의 날 선생님들을 위한 서프라이즈 파티를 할 거야! 아마도 매우 의미 있고 가치 있는 프로젝트가 될 거야! 우린 그 준비 과정에서 서로 많은 것을 배우게 될 거고 한 팀이 되는 거야! 만약 나의 의견에 동의하고 동참할 사람은, 파티 준비 비용으로 무조건 5,000원씩 투자하고 함께 파티 기획하고 봉사하자!"라고 당당히(?) 요구했다.

피를 토할 듯한 유려하고 진정 어린 나의 열변에 아이들은 마치 의병 봉기에라도 나서듯 하나 둘 설득되었고, 결국 340명의 학생 중 최종 다섯 명이 자본금을 내어 25,000원으로 65명분 파티 준비를 시작했다. 예산과 결산은 모두 아이들의 투자금 25,000원 내에서만 이루어졌지만, 동료 교사들은 공공연한 비밀로 많은 파티 용품들을 직접 사서 지원했다.

LED 회로를 배우는 아이들은 수업시간에 파티 램프를 제작했고, 기타 동아리 아이들은 기타 합주를 연습했다. 그리고 수학시간에 프렉탈을 공부하기 위해 구입해서 사용했던 주름지는 복도 천장에 달아 공간 구조물로 이용했고, 행복 교실에서는 쿠키와 케이크를 구웠다. 아이들은 부직포를 이용해 나비넥타이를 만들어 교복 셔츠 위에 단 다음 직접 웨이터가 되어 차를 서빙했고 선생님들이 몰래 지원한 빵과 과일과 떡들이 잔치 음식으로 차려졌다.

그래도 투자비용 총액은 무조건 2,5000원이었다. 학교에서 점심시간까지 있는 것도 힘들어하던 아이들이 일주일 동안 밤 10시가 넘어도 집에 갈 생각을 하지 않고 복도에 마련된 파티장을 만들고 기타 연주를 연습하느라 정신이 없었다. 이런 활력과 생명력이 이 학교에서 가능하다는 것은 기적이었다. 학교가 하나의 생명을 가진 유기체로 꿈틀거리기 시작했다.

그렇게 일주일이 가고 드디어 스승의 날! 아이들은 무려 아침 7시 이전에 모두 학교에 등교하여 나비넥타이를 매고 파티 테이블을 세팅하고 램프에 불을 밝혔다. 그리고 현관에 대기하던 웨이터1, 2는 출근하는 선생님들을 복도에 마련된 파티 장소로 모셨고, 웨이터3, 4는 “coffee or tea?”를 외치며 주문받기에 여념이 없었다. 드디어 선생님들이 거의 출근하고 ‘스승의 날’을 위한 모닝 티 테이블’이 만석이 되자 아이들은 모두 기타를 들고 무대에 둘러앉아 연주를 시작했다.

우리 교사들은 그냥 울었다. 알면서도, 감동적이어서 울었다. 한 달에 교권 침해가 200건에 달하는 학교에서 학생들이 따라주는 모닝 커피를 마시며 학생들의 기타 연주를 듣는 호사스런 스승의 날에 눈물을 흘리지 않는 교사는 사람이 아닌 로봇일 거라고 단언할 수 있다. AI의 위험이란 이런 것이다.

‘모닝 티 테이블’이라는 스승의 날 파티 스타일 융합 프로젝트 교육에 어떤 교과가 융합되어 있었는지, 어떤 삶의 기술을 배울 수 있었는지 묻지 말라! 꼬치꼬치 따져 분석하는 것이 무슨 의미가 있겠는가? 우린 그를 통해 우리가 서로에게 원하고 있던 '사랑'을 느꼈고, 서로의 존재로 '감동'했으며 서로에게 어떻게 다가가 소통할 수 있는지를 배웠다. 그 자체가 삶 자체를 배우는 최상의 교육이었음은 말할 것도 없다. 울지 않고는 이 글을 쓸 수도 다시 읽을 수도 없다.

축제를 통해 삶을 기획하고 라이프스타일을 디자인한다

인문계 고등학교인 ○○고에서 했던 다양한 교육 실험 가운데 단연 최고의 프로젝트 교육은 '축제 기획팀'이었다. 열 명의 인문학 동아리 학생이 포함된 이 팀은 '중독의 인문학' 수업으로 자신들을 성찰했고, 저마다 가진 재능을 학교 공동체 성원들과 나누고 협력하며 리더십을 배워나갔다. 1년 동안 축제 오디션이라고 할 수 있는 'TACE DAY'를 진행했는데, 12월에는 이 기획을 완결하는 학교 축제를 열어 그간의 실력을 선보이는 시간을 가졌다.

이 축제 기획팀의 교육 목표는 중독적인 일상을 살아가는 현대 청소년들의 삶을 성찰해보는 계기를 마련하는 데 있었다. 긍정적인 몰입과 부정적인 중독을 구분하고 삶이 변할 수 있는 동기를 부여하며 세상에 대한 통찰과 안목을 형성하여 인문학적인 사유를 나누는 장을 마련하는 것이 궁극적인 목표였다. 이 팀은 인문학 동아리 열 명을 포함해서 전체 30명으로 구성되어 1년 내내 한 팀으로 움직였다. 이를 통해 이룬 교육성과는 다음과 같다.

1	인문학적 소양과 지식의 고양으로 학생의 내적 잠재력 향상
2	인문학 가치의 확산을 통한, 배움이 즐거운 행복 학교 실현
3	지속적인 인문학 학습으로 사유 및 행동 패턴을 바꾸어 삶의 변화를 유도
4	치유와 힐링의 장이 되는 인문 교육을 바탕으로 자존감이 넘치는 자기 주도적 학생을 양성
5	성찰적이고 비평적인 사유 훈련에서 길러진 문제 인식을 실천적인 앎의 과정으로, 사회적 변화와 자신의 삶을 변화시키는 주요 동인으로 연계하여 활동

파티와 축제는 이렇듯 일상으로부터의 일탈을 촉진하며 총체적 놀이로서의 기능과 더불어 아이들을 자발적이고 주체적으로 성장시킨다.

일상 속에서 관혼상제의 의례와 행사를 연희와 잔치의 구조로 자연스럽게 배워왔듯이 파티 스타일 융합 프로젝트 교육 또한 일상과 긴밀하게 조직되고 설계되었을 때 학습자로 하여금 더 큰 배움을 유도할 수 있다. 그렇기 때문에 파티 스타일 융합 프로젝트 교육은 공동체의 협력 과정이 더욱 중요해지는 미래 교육에서 매우 중요한 대안이라고 할 수 있다.

Let's do it

파티 라이프스타일 교육

과자집으로 만드는 생일축하 파티

과자집은 아이나 어른들의 로망이다. 아이의 생일 때 아이가 꿈꾸는 과자집을 가족들이 함께 만들어 아이의 탄생을 기념하자. 아이가 꿈꾸는 집을 그리게 한 뒤 함께 과자로 집을 지어 나가고 이쑤시개와 포스트잇을 이용하여 축하 깃발을 만들어 꽂아 아이가 자신의 귀함을 스스로 깨닫고 가족의 사랑을 느끼도록 한다.

모두 다 아는 서프라이즈 비밀 파티

가족들의 기념일에 모두 다 아는 비밀 파티를 기획한다. 엄마 생일에는 아빠와 비밀 파티를 기획하고, 아빠 생일 때는 엄마와 비밀 파티를 기획한다. 서프라이즈를 어디서 할지, 무엇을 선물할지, 무엇을 먹을지, 어떤 방식으로 선물을 전하고 축하 메시지를 전할지 등을 구체적으로 노트에 적으며 기획하고, 선물을 전달할 때 이 회의록도 기념 선물로 함께 전한다.

파티 회의록에는 상대방을 기쁘게 하기 위해 어떤 아이디어를 내고 어떤 노력을 기울였는지가 빼곡하게 적혀 있으므로, 누구에게든지 큰 감동과 기쁨을 주는 선물이 된다. 아이들은 아이들대로 파티를 기획하면서 일을 만들어가는 조직력과 기획력을 경험할 수 있어 매우 만족스러운 경험이 된다.

파티 용품 만들기

소이 캔들, 종이꽃, 종이 레이스 오리기, 초대장 만들기, 메뉴 만들기, 네임텍 만들기 등이 모두 파티를 이용한 라이프스타일 교육에서 자녀에게 확실한 교육 효과를 주고 소통을 쉽게 할 수 있는 소확팁이다.

피크닉 파티 디자인

- 누구를 위한 피크닉 파티인가? 어디서 할 것인가? 언제 할 것인가? 메뉴는? 차? 몇 시간? 등을 꼼꼼히 따져서 피크닉 파티를 기획하고 피크닉 주제에 따라 피크닉 용품의 재질과 컬러를 선택하고 디자인하여 스케치한다.
- 샌드위치 도시락의 경우 어떤 재료를 넣느냐에 따라, 또는 같은 재료를 넣는 순서나 양 조절에 따라 맛이 달라진다. 이는 삶에서 어떤 선택을 하느냐에 따라 삶의 양상이 달라지는 것과 같은 원리다. 김밥도 마찬가지다.
- 예산을 정해서 준비하면 경제 교육도 병행할 수 있고, 조직 내에서 일을 조직해가는 과정도 함께 공부할 수 있다.

독자적인 부모와 자녀의 라이프스타일이 사회의 다양성을 만든다

사회학자 노명우는 "가족은 훌륭한 관계를 서로 맺고 있을 때에야 비로소 힘을 발휘하는 제도다"라고 말한다. 표피적이고 슬로건적인 건강하고 건전한 '가족'이나 '가정'이 최선을 말해주지는 않는다는 사실에 대해 어른들은 새롭게 각성해야 한다. 자기와 타자의 균형을 맞추지 못한다면 결국 자신을 잃을 뿐만 아니라 삶의 지향점과 니즈를 반영한 자신만의 라이프스타일을 갖고 살아가지도 못할 것이다. 진정한 사랑과 협력은 일방적인 것이 아니라 서로의 공통된 행복을 우선시하여 이루어가는 관계다. 협동하는 것을 배우지 않았던 아이들은 성장한 후에 신경질적인 사람이나 알코올중독자, 범죄자, 자살자 등이 된다는 아들러의 연구 결과에 무엇보다 주목할 필요가 있다.

라이프스타일은 가정에서부터 부모와 자녀의 일상을 통해 대대로 내려오는 프로그램이 세습되기도 하고 단절과 창조를 거듭하며 새로운 가풍을 만들어내기도 한다. 특히 그런 감각과 인상은 직관적인 부분도 있으나 태어나서 부모로부터 받는 가정교육과 학교교육에 의해 좌우된다.

요즘은 ICT 기반 미디어 매체들이 주는 강력한 영향을 간과할 수 없다. 그리고 미래 사회에서는 인공지능이 대다수 삶의 스타일을 완전히 바꿔놓을 확률이 매우 높다. 따라서 가정에서부터 아이들을 자립심이 강하고 용기 있게, 협력적인 라이프스타일에 익숙하도록 훈련시켜나가야 한다. 행복한 삶은 공통의 행복을 향해 기여하고 협력할 때 더 커지기 때문이다.

부모로부터 카피되는 라이프스타일은, 사실 더 큰 범주에서 보면 그 사회와 세계가 던져주는 감각과 환경의 해석에서 비롯된 것이라는 것을 다시 생각하면, 개개인의 라이프스타일은 곧 개인의 것이 아닌 모두의, 세계의 것이 된다. 인류 존속의 열쇠는 바로 개인 각자의 라이프스타일에 있다고 해도 과언이 아닌 것이다. 지금 당장 아이 손을 잡고 피크닉 바구니 가득 맛있는 점심을 담아 소풍을 가자! 짙푸른 자연 속에서 서로의 사랑과 존재로 행복과 감사를 느껴보자!

뗏목(-木, Raft)

지난밤을 거의 뜬눈으로 지새우고도 나는 커피잔을 들고 거실과 베란다를 서성거린다. 완성된 책 내용을 되짚어 정리하고 마무리 글을 쓰기 위한 구상 중이었다. 그러나 문득 금강경의 한 구절이 생각나 제자리에 우뚝 선다.

설법은 뗏목과 같은 것, 건넜으면 버려라.

아, 책 쓰기는 내 삶의 또 다른 언덕으로 건너가는 뗏목이었구나! 강을 건너왔으면 과감히 뗏목을 버려야함에도 불구하고 나는 여전히 뗏목에 의존하고 집착하며 뗏목만 한 크기의 앎과 세계에서 벗어나지 못하고 불안해하고 있는 나를 발견해버린 것이다. 건넜다면 과감히 버리고 파괴하고 잊어야 한다. 알이 깨지며 새로운 세계가 탄생하듯이 뗏목을 과감히 버린 뒤에야 지나간 방편과 습관을 깨끗이 잊고 용감하게 도전하며, 위험하지만 새로운 길을 찾아 나설 수 있다. 뒤돌아보지 말아야 한다. 단테의 베아트리체처럼 빛을 향해 앞만 보고 걸어가야 한다. 그곳에 삶과 행복의 핵심이 있다.

내 삶에 책 쓰기가 들어온 것은 어쩌면 30년 동안의 교육경험을 통해 얻은 '라이프스타일 교육' 아이디어를 세상 사람들과 나누고 또 다른 변화에 기여하라는 내 삶의 소명이었는지도 모른다.

영감(靈感, Inspiration)

책을 써야겠다고 생각한 것은 벌써 10년도 더 된 일이다. 그간 문화예술교육과 대안교육 관련 공저 작업은 많이 했다. 그러나 독자적인 단행본을 출판한다는 것은 내가 상상한 것보다 훨씬 더 구체적이고 전문적이며 집요한 몰입이 필요했고 절실함이 없다면 시작이 쉽지 않은 것이라는 것을 나중에 알았다. 영감과 절심함, 시간과 전문성, 시절 인연까지 맞아야만 시작이 가능함을 비로소 알게 되었다.

나의 책 쓰기는 《손정의―300년 왕국의 야망》이라는 한 권의 책으로부터 촉발되었다. 읽다 보니 손정의 안에 내가 있었다. 다만 그와 나의 다른 점은 비전의 크기였다. 난 삶에서 단 한 번도 내 생각과 아이디어로 큰 부자가 되어 세상을 널리 이롭게 하겠다는 생각을 해본일이 없었다. 그럭저럭한 삶이 진정한 삶이고 부자는 놀부처럼 나쁜 사람이 되는 거라는, 말도 안 되는 프레임에 갇혀 있었다. 과감히 내 삶의 프레임을 깨고 나가야 한다는 강렬한 영감과 내면의 소리가 들려왔다. 책 쓰기 1일 특강을 들으며 나에게 영감을 줬던 라온북 출판사 조영석 소장님과 상담을 요청하고 만난 지 10분 만에 '라이프스타일 교육'이라는 주제로 책 쓰기 코칭을 시작하기로 결정했다. 라온북의 조소장님과 김옥경 부장님, 백유미 대표님과 최향금 편집부장님까지 모두 나의 책 쓰기 은사님들이다. 책 쓰기를 통해 많이 배웠다. 먼저 감사의 인사를 전한다.

책 쓰기란 그렇게 만만한 일이 아니었다. '30년 동안 교육에 맞장 뜬 교사 김은형'이라는 콘셉트로 3개월 동안 교사와 학부모 대상 인문교육서 성격으로 40꼭지의 글을 썼으나, 편집부에서 독자 타깃을 학부모로만 해서 스낵처럼 가볍게 읽을 수 있는 라이프스타일 교육서로 다시 집필하자 하여 6월부터 20꼭지의 글을 학부모 대상으로 다시 썼다. 힘들게 쓴 원고 반절을 확 날려버리는 것도 쉽지 않은 일이었지만 새로운 글의 방향 잡기도 쉽지 않았다. 이때 혜성처럼 세 번째 뮤즈로 딸아이가 나타났다. 내 원고를 꼼꼼하게 읽고 기존 글에 대한 비평은 물론 새로운 집필 방향 아이디어를 함께 나눠주며 내게 포기하지 않고 다시 집필할 힘을 줬다.

본서에서 처음 내가 쓰고자 했던 맥락은 이것이었다.

"내가 30년 동안 교육해 보니 문제 학생이 있는 것이 아니라 아이를 돌보지 않거나 너무 억압하는 문제 부모가 있다. 그래서 치유적 관점에서 의식주 라이프스타일을 통해 집에서 엄마가 하듯 융합 교육으로 지도했더니 교육성과가 좋았다, 이미 스마트폰으로 시작된 인공지능 기계 중심 미래 사회에서 인간소외, 1인 가정, 상품자본 경제 속 인간성 침몰 등 미래 사회의 변화에 맞춘 교육 대안으로 라이프스타일 교육이 대안이다. 왜? 인공지능이 인간을 능가하고 지배할 수도 있는 위험성도 있고 지구환경도 지켜야 하니 코딩, 빅데이터, AI 등 디지털 능력을 향상시켜 인간이 기계를 통제할 수 있는 능력을 함양함과 동시에 의식주 중심의 자급자족적 삶의 기술로 생존력을 키우는 융합 프로젝트 방향으로 교육 패러다임이 바뀌어야 하기 때문이다.

그뿐만 아니라 사람들의 여가 시간이 늘면서 집에 있는 시간이 더 길어지기에 평생교육 관점에서 더욱 일상적인 라이프스타일 교육은 중요하다. 이는 교육 플랫폼의 기능도 강화되고 있는 유튜브, 에듀테크, 에듀블록, 세계적인 온라인 교육 네트워크 형성 등으로 세계 어디서든 배움을 얻는 유비쿼터스적 교육의 변화와 고도화된 기계문명과 상품자본주의사회에서 인간의 본성과 자아를 지켜줄 탈상품주의적 자급자족 기술, 소비자 윤리, 상업 윤리, 인문학을 통한 AI 안전 교육 등과 함께 세상 모든 아이들의 미래가 될 것이다. 그러니 가정에서부터 아이와 함께 삶을 경험하며 지식을 생산하고 행동하는 능동적인 삶의 교육인 라이프스타일 교육을 새로운 교육 방향으로 제안한다."

그런데 딸아이는 내 글의 맥락은 좋으나 현재 우리나라 부모들은 여전히 대학입시에 매몰되어 사회적 신화를 따르고 있는 것이 현실이니 "여러분들이 하는 자녀 교육들도 대학입시에는 매우 훌륭하다. 거기에 라이프스타일 교육까지 하면 더욱 공부를 잘하게 될 테니 여러분도 가정의 일상에서 나의 라이프스타일 교육 사례대로 함께 해보자"로 맥락을 조금 수정하는 것이 좋겠다는 의견을 줬고 나도 공감했다.

다시 다른 관점의 20개 꼭지의 글을 썼고, 편집 방향에 맞춰 여섯 꼭지가 버려지고 또 재차 여섯 꼭지를 책의 구성에 맞춰 다시 쓰고 나니 본래 기획했던 미래 인문 교육서가 아닌, 미래 교육 실용서가 되어 있었다. 이런 과정에서 점점 자신감이 약화되는 자신을 발견했다. 처음에 내가 말하고 싶었던 라이프스타일 교육의 의미와 가치가 잘 전달되었는지, 상상 가능하나 심한 비약으로 독자의 몰이해를 낳는 것은 아닌지, 코칭스태프 말처럼 글이 너무 어려운 것은 아닐지 등 다양한 걱정과 불안이 엄습했다. 이런 불안과 걱정이 엄습하면서 자신이 약화되면 더욱더 강하게 기존에 생성된 지식의 뗏목을 움켜잡았다. 이런 상황에서 포기하지 않고 다시 도약할 수 있는 방법은 오로지 기도와 명상밖에는 없었다. 새벽기도와 명상을 지속할수록, 원고를 몇 번을 새로 쓰며 고통받을수록 나의 관점과 아이디어가 더 많이 정리되고 확장되며 제법 단단해지는 것을 느꼈다.

혁명(革命, Revolution)

책을 쓰는 과정은 마치 삶처럼 가득 채워졌던 공간은 비우고, 비었던 공간은 채우는 인테리어 디자인의 'before after'의 기본 원칙과도 같았다. 책을 쓰기 시작하면서 나는 좀 더 깊은 사색과 명상으로 더 깊은 곳의 자신을 만났고, 갈매기처럼 높은 곳에서 자신을 조망해보기도 했다. 책 쓰기 과정에서 내가 탔던 지식의 뗏목도 버리고 나의 경험과 아이디어에 집중해야 함에도 불구하고 과거 지식의 뗏목에 의존하며 라이프스타일 교육이라는 새로운 교육 개념을 바탕으로 세계가 연대하는 교육 혁명을 제안하는 도발과 모험에 더 과감하지 못했다는 성찰이 도래했다.

나는 지난 30년 동안 그랬던 것처럼 여전히 타자와 시스템의 눈치를 보는 일개 교사이며(이 뉘앙스에는 현재 교사를 보는 사회적 시선이 담겨 있다) 여전히 딸아이의 행복을 온전히 채워주지 못하지만 좋은 엄마이고 싶어 하는 소심한 직업여성이고, 가정사 또한 TV드라마처럼 반짝거리는 행복으로 가득하지도 않고, 디오르Dior 드레스로 가득 찬 드레스 룸은 환상이며 명품 핸드백이라고 불리는 그것들도 짝퉁 세계에 탄생의 뿌리를 두고 있다. 이런 약간의 찌질함이 내가 책을 써내려가며 과감하게 뗏목을 버리고 교육 혁명의 잔다르크가 되어 세상을 쩌렁쩌렁 호령하지 못한 이유일지도 모른다. 아니면

30년간 누적된 피로로 너무 피곤한 것이거나 습관일지도 모른다.

그러나 이렇게 소심하고 결핍된 행복으로 짝퉁과 환상의 세계를 방황하는 빈약한 영혼이라고 해도 비웃거나 까불지 말라! 이제 적어도 뗏목을 버렸으니, 과거 지식과 상식이라는 뗏목에 의존하던 세계와는 결별한 것이다. 기존 세계와의 결별은 곧 혁명이다.

책 쓰기를 통해 나는 뗏목을 버리고 과감하게 바다로 뛰어드는 것이 무엇인지를 이제 비로소 깨달았다. 나에게 있어 책 쓰기는 단순히 30년의 교육 경험 사례와 미래 교육 아이디어를 나누는 것만이 아니라 내 삶의 현재를 성찰하고 새로운 지향점과 비전을 만들어가는, 그야말로 라이프스타일 프로젝트 융합 교육이며 학습이었던 것이다.

통증(痛症, Pain)

글쓰기를 마치려는 오늘 아침, 혓바늘 통증을 가라앉히고자 약국에 갔다가 김이 모락모락 나는 떡을 한 팩 샀다. 집으로 바로 오려는데 동네 한 귀퉁이에 '한마음공원'이란 표석이 보였다. 7년 전 새벽 2시에 공원에서 떠들던 아이들 때문에 잠을 깬 이웃 주민 아저씨가 조용히 하라고 주의를 주러 나왔다가 다른 아저씨와 시비가 붙어서 칼부림이 난 사건의 장소라는 것이 떠올랐다.

당시 고1이었던 아이들은 해머를 학교에 가져와 교실 TV를 작신 때려 부술 정도로 무서운 아이들이었지만 고3이 되면서 제법 의젓해져서 내 등을 두드려주기도 하고 내가 기운 없이 있을 때는 어떤 놈이 선생님을 힘들게 했냐며 마치 보호자처럼 굴기도 했다. 그 아이들 대부분이 학교를 졸업한 것 자체가 교육의 마술이며 기적이다. 오늘 아침 다시 또 아이들의 그림자가 나를 붙잡는다. 교사란, 자기 자식과 남의 자식을 구분하지 못할 정도로 교육에 미쳐 있을 때 비로소 선생이 된다. 지난 30년간 아이들과 함께한 라이프스타일 교육 사례 부분을 더듬어 써내려가며 눈물을 주체할 수 없었다. 눈물 콧물이 뒤범벅이 되어도 울지 않고는 도저히 써내려갈 수가 없었다. 다시 또 흐르는 이 눈물을 얼마나 많은 부모가, 교사들이, 세상 사람들이 공감하고 이해할 수 있을까?

사랑은 고사하고 부모들로부터 버림받거나 방치되고 학대받으며 가정에서의 배움 하나 없이 버르장머리 없는 못된 아이로 사회에 낙인찍힌 그 거친 슬픔을 교사들이 아니면 도대체 누가 편을 들어주겠는가? 부모도 그들의 편이 아닌데 도대체 이 사회에서 누가 그들에게 따뜻할 수 있을까? 아이는 부모를 선택할 수 없다. 이제 학교는 지식을 배우는 공간만이 아니라 부모가 다하지 못한 사랑을 주고 가정에서 다 배우지 못한 라이프스타일을 배워가는 삶의 공간이 되어야 한다. 학교가 공동체의 삶을 체험하며 배워가는 라이프스타일 교육 센터로 새롭게 디자인되었을 때 비로소 학교는 제대로 된 기능을 하기 시작할 것이다.

미래 사회의 필수 요소라는 창의성과 문제해결 능력 또한 사랑받는 아이에게서 더 많이 발견되는 덕목임을 우린 이미 모두 알고 있다. 참교육을 논할 필요도 없다. 내 학생들에게 아픔과 슬픔을 주는 사람들을 보면 이유 불문하고 일단 무조건 한편이 되어주는 지경이 되어야 비로소 교육 공동체라고 할 수 있다. 그들의 비행을 봐주라는 말이 아니라 부모만큼이나 절실하고 간곡한 사랑으로 그들을 품어야 한다는 말이다.

그런데 이런 교사들에게 세상은 너무 비정하다. 현재 교육정책 자체가 교사들에게 너무 폭력적이다. 미세먼지까지도 업무 보고를 올려야 하는 과중한 업무와 민원 우선 시스템에 결국 쓰러져 정신병원에서 치료를 받는 교사들이 점점 늘어가는 추세를 정책가들은 예의 주시하고 학교 교육과정과 교사의 업무에 대한 새로운 정책을 모색해야 한다. 건강한 교사 또한 교육의 미래, 우리 아이들의 미래와 매우 밀접한 연관관계가 있다.

책 쓰기를 결정했던 1월 어느 날, 30년 동안 '교육에 맞장 뜬 교사'라는 콘셉트가 정해지자 나도 모르게 울컥했었다. 이제 마치려는 순간에도 다시 울컥해진다. 딸아이 눈엔 하루 종일 엄마를 기다리는 눈물 자국을 내고, 나 또한 상상하지 못할 불합리하고 처절한 고통의 시간을 보내긴 했어도, 사람의 생명과 격조에 집중해서 억울함을 따지기보다 참회와 감사와 축복의 기도를 하며 잘 견뎌왔다. 병을 얻어 억울하지 않거나 나의 손실과 그의 부당함을 몰라서가 아니라 적어도 생명과 인간 존중의 격조를 잃지 않고 우아한 품격으로 삶을 영위하는 것, 이것이 바로 나의 교육철학이자 인생철학이기에 가능한 일이었다. 30년을 교사로 지내고 적어도 내가 추구하는 교육은 '라이프스타일 교육이다'라고 스스로의 교육관을 졸고이지만 독자 여러분과 책으로 함께 나눌 수 있게 됨에 감사한다.

감사(監査, Audit)

속수무책으로 떨어지며 깨지는 접시들을 바라보다 내 마음의 불편함이 무엇인지를 깨달았다. 나의 라이프스타일은 친정엄마의 라이프스타일을 닮았다. 차이가 있다면 자녀에 대한 관점과 태도다. 엄마는 모든 것을 희생하고 헌신하며 자신과 자녀의 삶을 구분하지 않으신다. 나도 딸아이를 위해 희생과 헌신을 마다하지 않지만 서로 다른 독립개체라는 관점을 놓치지 않는다. 아이가 자신만의 라이프스타일로 자신 삶의 주인공이 되도록 협력하고 촉진할 뿐이다.

엄마의 라이프스타일은 아이의 미래가 된다. 그러나 아이가 지나간 삶의 추억과 경험들을 모두 상처로 인식하게 될 때, 속절없이 깨지는 접시들처럼 부모도 손 쓸 수 없게 된다. 불치의 병으로 고통받는 막내아들을 등에 업고 속수무책으로 험한 삶의 내리막길을 달리고 또 달릴 수밖에 없는 엄마의 경이로운 삶의 여정 앞에 저절로 고개가 숙여진다.

자녀가 부모를 선택할 수 없듯이 부모도 자녀를 선택할 수 없다. 다만 우리는 순종하는 삶의 거룩함으로 겸허하게 삶의 경이를 감사한 마음으로 배워나갈 뿐이다. 깊이를 가늠할 수 없는 사랑으로 내 삶을 지원해준 부모님과 가족들에게 먼저 마음 깊은 감사를 전하고 싶다. 그리고 이광주, 김종윤 두 분의 은사님께도 깊은 감사의 말씀을 올린다. 언제나 응원과 격려로 내 삶을 지지해주시는 많은 친구와 동료와 지인들께도 진심으로 사랑과 존경의 인사를 전한다.

그리고 책 쓰기 소망을 갖게 해주신 법륜스님, 책 쓰기를 촉발시켜준 최지훈 선생님, 책 쓰기를 이끌어주신 라온북 조영석 사장님과 관계자 여러분들, 책 쓰기에 조언과 기록사진을 남겨주신 이강산 작가님과 책 프로필 사진 찍어주신 리노 스튜디오 홍우림 대표님께도 감사의 인사를 전한다. 그리고 과학기술에 문외한인 내게 AI와 빅데이터, 블록체인 등 미래사회의 핵심 과학기술에 대한 자문과 토론을 아끼지 않으신 ETRI 이순석, 한기철, 이정원,

금창섭, 함진호 박사님과 KAIST 성단근 박사님, 생명공학연구소의 곽상수 박사님, 한밭대학교 양태연 박사님, 원자력연구소 AI 로봇개발팀 최영, 유용균, 박종원 박사님, 라즈레빗의 방용환, 김보성, 대덕몽의 서윤신, 박동욱, 박한표 대표님께도 감사의 인사를 전하고 대전교육과학정보원 민한식, 양상인 장학사님과 전호연 선생님의 친절한 안내에도 감사드린다.

마지막으로 사랑하고 존경하는 딸 정민에게 온 마음을 다해 감사를 전한다. 딸아이 덕분에 버티고 견딘 시간들이 있었기에 30년 교사의 삶이 가능했다. 부모의 라이프스타일이 아이의 미래라면, 아이는 부모의 스승이자 깨달음을 주는 온전한 존재다. 자기 자식과 남의 자식도 구분 못하고 뛰어다니다 병까지 얻고 쓰러져 고생한 엄마 때문에 혼자서 많이 울고 많이 외롭고 많이 힘들었을 딸아이에게 감사와 사랑과 존경을 담아 부족하지만, 나의 30년 삶이 담긴 이 한 권의 책을 헌정한다.

자유(自由, Freedom)

긴 시간이었다.

뗏목을 버리고 다시 위험한 바다를 응시한다.

모험의 시간은 생각보다 빨리 도래한다는 것쯤은 이제 직감적으로 안다.

아라한은 아닐지라도, 어려움을 이겨낸 참된 사람으로 조르바처럼 춤추고 노래해야지.

운명은 신에게 맡기고 새소리 자장가 삼아 삶의 느슨한 시간 속에 낮잠이나 한숨 늘어지게 자야겠다.

자유다.

북큐레이션 • 내 아이를 주도적이고 자존감 높은 사람으로 키우고 싶은 엄마들이
『엄마의 라이프스타일, 아이의 미래가 되다』와 함께 읽으면 좋은 책!

슬기로운 부모 수업

구은미 지음 | 14,000원

'당신은 부모인가, 양육자인가?'
부모가 바뀌어야 아이의 인생이 달라진다!

오랫동안 부모 교육 강사로 활동하며 엄마 선생님으로 불리는 저자가 내 아이를 잘 키우고 싶은 3040 부모들에게 필요한 자녀교육법을 알려준다. 저자는 바쁘다는 이유로 아이와 같이 시간을 보내지 못했던 부모들에게 아이의 인생에 기적을 일으키는 방법은 아이와 함께 의미있는 시간을 보내는 것이라고 말한다. 또한 아이를 부모의 틀에 맞춰 키울 것이 아니라 아이가 잘하고, 즐기는 것은 무엇인지 찾아내어 키워주어야 한다고 조언한다. 초등학생부터 사춘기 자녀를 둔 부모들의 양육 고민을 해결해주는 책이다.

엄마 자격증

진이주 지음 | 13,800원

공감 대화법부터 칭찬법, 문제행동 대처법까지
현실 육아 지침 28!

'어떻게 하면 내 아이에게 더 나은 엄마가 될 수 있을까?' 육아가 서툰 초보 엄마들을 위해 내 아이를 주도적이고 자존감 높은 사람으로 키우는 법을 알려주는 책!
부모가 되는 데 자격증이 필요하다고 하면 의아해할 수 있으나 유대인들은 아이를 낳기 전 부모가 되는 공부를 한다. 부모로서 올바른 가치관, 부모의 역할이 무엇인지 미리 학습하는 것이다.
이 책은 육아가 서툰 엄마들에게 20여 년간 가족 상담 전문가로 활동해온 저자가 아이와 마음으로 대화 나누는 법, 관계를 좋게 만드는 칭찬법, 문제 행동 대처법까지 현실적인 육아 지침을 이야기한다.

어쩌다 엄마는 되었지만

김민숙 지음 | 13,800원

“엄마는 처음이지만 뭐든 잘하고 싶습니다”
똑똑한 엄마 전략으로 우리 가족 웃음꽃이 활짝!

“어쩌다 엄마가 되었지만 구체적으로 어떤 엄마가 좋은 엄마인지 잘 모르겠다”, “뭐든 다 잘해주고 싶지만, 무엇을 어떻게 잘해주어야 하는지 잘 모르겠다” 하고 고민을 토로하는 엄마가 많다. 엄마가 처음이니 서투른 게 당연하다. 서투른 엄마들을 위해 맘메이트 김민숙 저자가 멘토로 나섰다.
엄마가 행복해야 아이도 가정도 화목해진다. 저자는 현재 ‘맘메이트 연구소’를 만들어 더 많은 엄마의 멘토가 되어 소통하고 있다. 이 책은 육아하는 도중 만나는 막막한 순간, 당황스런 순간, 위기의 순간에 도움이 될 것이다.

어른이 되기 전 꼭 배워야 할 인성 수업

박찬수 지음 | 13,000원

“지금 내 아이에게 무엇을 가르쳐야 할까?”
4차 산업혁명 시대, 아이의 미래를 걱정하는 학부모, 교사를 위한 인성 교육 길잡이

30여 년간 공교육과 사교육 현장에서 아이들을 가르친 저자는 공부는 잘하지만 다른 사람과 잘 못 어울리는 아이, 꿈을 찾지 못해 불안해하는 아이 등 수많은 제자를 만나고 상담하고 가르친 경험을 바탕으로 어른이 되기 전에 배워야 할 단 하나의 가르침 인성에 대해 알려준다. ‘해냈다’는 자신감을 얻은 마라톤, 지리산을 걷고 이별 여행을하는 감동 스토리를 읽다 보면 자연스럽게 인성 교육 방법을 깨닫게될 것이다.